CALLWEY

Das Pflasterbuch für den Garten

Heidi Howcroft

Das Pflasterbuch für den Garten

Ideen für schöne Wege,
Treppen und Terrassen

Callwey

Inhalt

Warum Pflaster?

Die Welt des Pflasters ist so vielseitig, dass es für jede Situation und jeden Gestaltungsstil eine geeignete Lösung gibt – vom fein nuancierten Kieselsteinpflaster (links) bis hin zur schlichten Eschenloher Sandstreudecke (rechte Seite).

Seit mein Buch »Das Pflaster im Garten« erschienen ist, erhalten Bodenbeläge die Anerkennung, die ihnen gebührt. Bei Internetbuchhandlungen findet man beispielsweise eine eigene Rubrik »Gartenwege« und in größeren Buchhandlungen gibt es häufig ein extra Regal zum Thema. Neue, manchmal skurrile Lösungen bereichern den Freiraum, werden in Gartenzeitschriften veröffentlicht und auf Gartenschauen präsentiert. Pflaster wird als neue Kunstform gesehen, als kreatives Feld, auf dem sich jeder betätigen kann. Aber ist es wirklich so? Die Begeisterung für individuelle Lösungen drängt allzu oft die Zweckmäßigkeit und Grundregeln des Pflasterns in den Hintergrund. Schlechtes oder unpassendes Pflaster ist meist unbequem zu begehen, kann einem Anwesen sein Flair nehmen oder sogar den Wert einer Immobilie mindern. Die Ursache von schlechten Pflasterflächen liegt oftmals darin, dass befestigte Flächen als Inseln und nicht als Teil des gesamten Gartens gesehen werden. Der Wunsch nach Farbigkeit ist häufig ein Grund für optisch misslungene Flächen.

Gärten sind längst nicht mehr nur Schauplatz für Pflanzen, sondern eine Erweiterung des Wohnraums im Freien. Man verbringt mehr Zeit im Garten, bei der Gartenarbeit, aber auch beim Feiern, Essen und Erholen. »Pflegeleicht« und »sofort« sind die Stichwörter, die man immer häufiger zu hören bekommt, wenn es um Gartenplanung geht. Bodenbeläge gelten dabei als ideale Lösung. Die Euphorie für Pflaster darf aber nicht dazu führen, alle Gestaltungsregeln zu ignorieren. Die goldene

Bodenbeläge sind nicht nur notwendig. Sie sind wesentliche Elemente der Gartengestaltung, sorgen für Form und Farbe sowie für Kontrast und Harmonie.

Regel gilt nach wie vor: der richtige Belag am richtigen Platz mit passendem Ober- und Unterbau für den gewünschten Zweck und von Fachkräften ausgeführt. Viel und aufwändig bedeutet nicht automatisch gut und schön, ganz im Gegenteil: Pflaster sollte möglichst einfach und funktionsgerecht sein.

Es wäre schön, wenn man berichten könnte, dass das Pflastererhandwerk vom Aufschwung und von der neuen Wertschätzung von Bodenbelägen profitiert hat. Leider ist dies nicht der Fall. Das Handwerk und damit die Erhaltung von traditionellem handwerklichem Können wird von allen Seiten erodiert. Da befestigte Flächen die größte Investition im Garten darstellen, gibt es unzählige Firmen auf dem Markt, die Pflasterarbeiten anbieten. Der Kunde, unterstützt von »Do-it-yourself«-Büchern, versucht sich das Pflastern selbst beizubringen oder lässt sich allein vom Preis steuern und sucht nach dem billigsten Angebot. Wie aber kann er zwischen guten und unseriösen Angeboten unterscheiden? Es reicht nicht, auf gut Glück im Branchenbuch zu blättern. Für den Entscheidungsvorgang ist es wichtig, Referenzen einzuholen und Musterflächen zu begehen. Neben handwerklich versierten Firmen gibt es zahlreiche Anbieter, die das Pflastern als lukrative Einnahmequelle sehen und von der Unerfahrenheit des Kunden profitieren. Pflaster ist aber eine Qualitätsware und abhängig von fachgerechter Ausführung. Entscheidend sind die Details: der unsichtbare Ober- und Unterbau, der Einsatz von frostsicherem Material, der richtige Verband für den jeweiligen Zweck, das Steinformat sowie Anschlüsse und Übergänge.

Nie war die Auswahl an Belagsarten so vielseitig wie heute. Neben den bekannten traditionellen Materialien wie Ziegel, Klinker und Naturstein gibt es einen zunehmenden Trend zu modischen Produkten. Doch ist dieses neue Material auch von bleibendem Wert? Manche Neuheiten sind gewöhnungsbedürftig und nur bedingt verwendbar, andere aber bieten interessante Einsatzmöglichkeiten. Modische Eintagsfliegen wie Glas- und Schieferkies wurden zuerst mit Begeisterung aufgegriffen, haben aber den Test der Zeit nicht überstanden. Den größten Fortschritt kann Beton verzeichnen. Neue Plattenbeläge mit klaren Linien, Formaten und in eleganten Grautönen widerlegen den schlechten Ruf des Baustoffs und

beweisen, dass Beton ein innovatives Material für die Zukunft sein kann. Doch das Angebot der Baumärkte ist noch immer spärlich und neigt zum Geschmäcklerischen.

Die insgesamt große Auswahl an Materialien verleitet viele Gartenbesitzer dazu, ein Sammelsurium von Belagsarten auf einer Fläche unterzubringen. Doch solche »Fleckerlteppiche« wirken unruhig und dominieren den Garten. Jedes Material hat seine eigene Qualität und ist deshalb nicht beliebig austauschbar. Beton erfüllt nicht alle Voraussetzungen von Naturstein, und die Qualitäten von Holz lassen sich nicht mit denen von Klinker vergleichen.

Mit diesem Buch möchte ich die enge Verbindung zwischen Gestaltung und Ausführung deutlich machen und ein Plädoyer für materialgerechte Gestaltung halten. Bodenbeläge sind mehr als nur eine Notwendigkeit, sie prägen einen Garten. Zwischen lieblosen »Rand-zu-Rand«-Pflasterungen und gestalterisch gekonnten sowie fachgerecht ausgeführten befestigten Flächen liegen Welten. Vielerorts entstehen homogene Flächen ohne regionaltypischen Charakter. Dies trifft bereits für viele Geschäftsstraßen zu und zeigt sich zunehmend auch in Wohnsiedlungen. Wer sich Gedanken über den passenden Belag macht, trägt bereits zur Erhaltung eines regionaltypischen Stadt-, Landschafts- und Gartenbildes und zur Sicherung der Pflasterkultur für künftige Generationen bei.

Je nach Einsatzgebiet und Verlegeart kann Pflaster völlig verschieden wirken. Wichtige Voraussetzungen für eine gelungene Gestaltung sind ein guter Entwurf und eine fachgerechte Ausführung.

Befestigte Flächen – das Gerüst des Gartens

Funktion und Gartenstil lassen sich an einer befestigten Fläche ablesen. Oben: Passend zum Landhaus, ein klassischer, französisch angehauchter Vorplatz aus Kies.

Rechte Seite: ein moderner geschwungener Plattenweg, der durch die Pflanzung zu fließen scheint.

Wenn es nur darum ginge, trockenen und sauberen Fußes von einer Ecke im Garten zur anderen zu gelangen, für Terrassentisch und -stühle einen ebenen Untergrund und eine Stellfläche für das Auto zu schaffen, würden wenige befestigte Flächen mit einem einfachen und billigen Bodenbelag ausreichen. Aber die meisten Gartenbesitzer wünschen sich mehr, und Pflasterflächen bieten die Möglichkeit zu außergewöhnlichen Gestaltungen. Doch genauso wie man bei Pflanzungen Gleichgewicht und Harmonie anstrebt, sollte man einen Bodenbelag auf die Umgebung abstimmen. Ist eine verspielte Pflasterung wirklich passend vor einer üppigen Rabatte, oder wäre nicht eine schlichte Lösung angebrachter?

Befestigte Flächen sind ein wichtiger, unverzichtbarer Bestandteil des Gartens. Sie bilden ein Netz aus Wegen, Terrassen und Plätzen, das sowohl im Sommer als auch im Winter das Aussehen und den Charakter des Gartens bestimmt. Das Zusammenspiel aller befestigten Flächen macht einen Garten aus: wie ein Weg in eine Terrasse übergeht, ob das Pflaster als dominierendes Element eingesetzt wird und wie es mit der Bepflanzung harmonisiert. Zählt man den nicht unerheblichen Flächenanteil sowie die Material- und Herstellungskosten hinzu, sollte ihre Planung nicht dem Zufall überlassen werden.

In erster Linie folgen die Verteilung und die Wertigkeit der befestigten Flächen im Garten logischen Prinzipien des Benutzungsgrades, der Nutzungsansprüche und des Gestaltungsstils. Dabei sollte zwischen Verkehrs-,

Von Natursteinplatten bis Kieselsteinmatten gibt es unzählige Lösungen, um den Bereich vor der Haustür auf individuelle Art hervorzuheben.

Gute zeitgenössische, aber zeitlose und zum Stil des Hauses passende Gestaltungen von Hauszugang und Garagenvorplatz sind selten. Hier führen die großen Natursteinplatten eindeutig auf den zurückgesetzten Eingang zu.

Aufenthalts- und Funktionsflächen sowie zwischen dem eher repräsentativen Vorgarten und dem privaten, hinter dem Haus liegenden Teil des Gartens unterschieden werden. Während der Landschaftsarchitekt diese grundlegende Aufgabe der Gartenplanung beherrscht, fühlt sich der Gartenbesitzer damit oft überfordert. Bei umfassenden Planungen empfiehlt es sich daher, einen Experten zu Rate zu ziehen. Er kann bei der Auswahl aus zahlreichen Möglichkeiten – von modernen Holzdecks und weitläufigen Terrassen über naturhaften Trampelpfaden bis zu kleinteiligen, schmückenden Mosaiksteinpflasterstreifen – helfen und dabei unterstützen, die passende Lösung für den jeweiligen Gartenstil und das vorhandene Budget zu finden.

Zwischen Gartentor und Haustür

Der Hauszugang vermittelt und prägt den ersten Eindruck von Haus und Garten. Das Ausmaß und die Belagsart des Eingangsbereiches spielen eine wichtige Rolle. Die Proportionen der Fläche und die Materialwahl sollten auf die Architektur abgestimmt sein. Der Weg sollte am besten direkt und im rechten Winkel auf die Haustür zuführen, sodass man ohne langes Suchen schnell zum Eingang gelangt. Darüber hinaus sollte er so breit sein, dass zwei Personen bequem nebeneinander gehen können. Der Blick auf das Haus sollte gerahmt und nicht verstellt werden. Der platzartige Bereich vor der Haustür ist mit Bedacht zu gestalten. Dabei sind verspielte Formen zu vermeiden, aber praktische Aspekte zu berücksichtigen. So sollten zum Beispiel Kinderwagen, Fahrräder oder auch Einkaufstüten seitlich Platz finden, ohne dabei den gesamten Weg zu blockieren. Bunte, dekorative Muster wirken oft überladen. Schlichte, qualitätsvolle Beläge dagegen sind zeitlos und vertragen Beiwerk wie Pflanztöpfe oder anderes Dekor. Das Eingangspodest ist mit soliden Block-, Leg- oder Klinkerstufen, nicht mit Stufen aus Großsteinpflaster zu gestalten. Bögen und Rundungen sind ebenfalls mit Vorsicht auszuführen und nur, wenn sie zur Fassade des Hauses passen.

Kombiniert man den Weg mit einer Zufahrt, sind klassische Gestaltungen vom Ende des 19. Jahrhunderts als Leitbild zu empfehlen. Zwei Varianten bieten sich an: die gerade Zufahrt mit parallel ausgewiesenem Fußweg, oft im gleichen Material aber unterschiedlichen Format ausgeführt, oder die halbbogenartige Ein- und Ausfahrt mit ausreichend Platz, um seitlich Fahrzeuge abzustellen. Für diese eleganten Lösungen eignen sich keinesfalls bunte Muster. Einfache Führungslinien wie Carrara-Marmor in Natursteinpflasterflächen, Segmentbogenpflaster oder eine seitliche Rollschicht in Kombination mit Pflasterziegeln zählen zu den klassischen und empfehlenswerten Möglichkeiten.

Stellflächen und Garagenvorplätze

Während der Flächenanteil von Terrassen, Wegen und Plätzen im Garten konstant geblieben ist, hat der Platzbedarf für das Parken von PKWs deutlich zugenommen. Für Einfamilienhäuser sind mittlerweile zwei Stellflächen oder sogar mehr die Regel. Rechnet man Besucherparkplätze dazu, gleichen manche Grundstücke einem Fuhrpark. Die Beliebtheit von SUVs (Sports Utility Vehicles), in England spöttisch auch »Chelsea Tractors« genannt, wirkt sich auf die Gestaltung und Größe der Stellflächen aus. Ein Volvo XS 90 wiegt beispielsweise über 2000 kg, ein Volvo S 50 im Vergleich 1300 kg. Das Gewicht sollte beim Aufbau der Pflasterfläche und der Materialwahl der Deckschicht berücksichtigt werden.

Auch PKWs sind in den letzten Jahren größer geworden: Der aktuelle Golf ist 25 Prozent größer als die ersten Modelle, der Ford Fiesta 12 Prozent. Will man beim Aussteigen aus dem Fahrzeug auf dem Pflaster und nicht im Pflanzbeet landen, sollte man sich am Mindestmaß von 5 x 2,5 m als Standardstellflächengröße orientieren. Für größere Autos wie den neuen 5 m langen Mercedes ML sollte die Fläche 6 x 3 m betragen.

Doch wohin mit den Parkplätzen? Tiefgaragen lösen das Problem und befreien den Garten auf optimale Art von parkenden Autos. Die befestigten Flächen beschränken sich auf die Garagenein- und ausfahrt sowie auf einen Bereich zum Kurzzeitparken. Die Fahrspur lässt sich wie ein Vorplatz zum Haus und Notparkplätze geschickt mit Rasenpflaster gestalten. Tiefgaragen sind aber aus verschiedenen Gründen nicht immer möglich, nicht zuletzt wegen ihrer hohen Kosten. Historische Beispiele zeigen alternative und sinnvolle Lösungen für Parkplätze auf dem Grundstück. Bei größeren Häusern in ländlicher Umgebung bietet es

Die Traufe ist eine oft vergessene Fläche, die wenig begangen wird, aber wesentlich die Optik einer Fassade bestimmt. Breite und Material des Traufstreifens sollten deshalb stets zum Stil des Hauses passen.

Von der Vergangenheit kann man lernen. Oben: Im Einklang mit dem Gründerzeithaus bilden Fußweg und Zufahrt eine einheitliche Fläche, die nur durch eine einzelne Zeile Großsteinpflaster getrennt ist. Unten: Passend zum Landhausstil bilden Traufe, Wege und Platz eine homogene Fläche.

Beispielhafte Hofpflasterungen sieht man immer seltener. Oben: Der Richtungswechsel des Pflasters deutet die unterschiedlichen Funktionen der Fläche an. Unten: Die erweiterte Traufe ist Weg und Platzfläche zugleich und setzt sich von der Kiesfläche ab.

sich an, Stellflächen und Garagen seitlich des Haupthauses vorzusehen, wo früher die Stallgebäude zu finden waren. Dort fügen sie sich gut in das Grundstück ein und wirken als Einheit. Parkhöfe mit Achsmaßen von 16 m erlauben beidseitiges Parken mit kombinierter Fahrbahn und eine Rückstoßfläche von 6 m.

Für gewöhnlich werden PKWs in Einzel- oder Doppelgaragen neben dem Haus mit einem Mindestabstand von 5 m von der hinteren Gehwegkante untergebracht, sodass das Auto immer auf dem eigenen Grundstück zum Stehen kommt, bevor man die Garagentür öffnet. Die Fläche vor der Garage wird aber oft für zusätzliche Fahrzeuge genutzt, was eine gewisse Rangiererei nötig macht. Eine einfache Methode, um die Anzahl der Stellplätze zu erhöhen, ist es, die Garage weiter ins Grundstück zu setzen. Diese Lösung wirkt optisch besser, als die Stellflächen entlang der gesamten Hausfassade auszudehnen. Teilt man die gesamte Länge des Vorplatzes durch 5 m (entsprechend der Länge eines Stellplatzes), ergibt sich die Anzahl der möglichen Stellflächen. Die Umrahmung mit einer einzeiligen Pflasterreihe hilft, die Fläche als Platz und nicht als pure Fahrbahn zu kennzeichnen. Die Pflasterung sollte entsprechend der Nutzung schlicht sein. Für stark befahrene Bereiche ist von grünen Lösungen wie Rasenpflaster und Schotterrasen abzuraten. Durch das ständige Befahren und die Beschattung durch die Autos wächst der Rasen nur spärlich und wird schnell unansehnlich. Schachtdeckel sollten in die Pflasterfläche integriert und von einer einzelnen Zeile Pflastersteine umrahmt werden.

Das Traufpflaster

Wie ein Fries direkt an das Haus angrenzend, ist das Traufpflaster nach wie vor ein wichtiger Bestandteil des Gartens. Bevor es Dachrinnen gab, diente der mindestens 50 cm breite Streifen aus länglichem, schmalem und plattenartigem Material und im rechten Winkel zum Gebäude verlegt, dem Schutz der Fassade vor Bodenfeuchtigkeit und Spritzwasser. Mit einem vom Gebäude wegführenden Gefälle floss das Wasser schnell ab. Heute leiten zwar Dachrinnen das Regenwasser ab, die Traufe ist dennoch wichtig als Übergang zwischen Gebäude und Garten. Als Faustregel gilt, dass das Traufpflaster so breit wie der

Dachüberstand sein sollte. Im Voralpengebiet können es bis zu 1,40 m sein. Das Pflaster sollte schlicht, aber auf das Baumaterial des Hauses, den Gartenstil und die Lage abgestimmt sein. Es eignen sich einfache Kiesdecken, Mosaikpflaster oder schlichte Betonplatten. Eine ausgleichende Steinreihe entlang des Hauses ermöglicht bei Platten und Pflasterzeilen einen sauberen Anschluss.

In den trockenen und schattigen Zonen des Dachüberstands sind die Lebensbedingungen für Pflanzen schlecht. Man kann durchaus einzelne Pflanztaschen an geeigneten Stellen vorsehen, von einem flächendeckenden Humusauftrag ist allerdings abzuraten. Man nimmt sich besser ein Beispiel an alten Häusern und nutzt den Traufbereich zur Lagerung von Holz, als geschützten Sitzbereich oder als umlaufenden Weg.

Die Terrasse – das Wohnzimmer im Freien

Ein Haus ohne Terrasse ist undenkbar. Neben dem Hauszugang ist die Terrasse fast die einzige befestigte Fläche, die bei Neubauten zur Grundausstattung des Freiraums gehört. Im Sommer erweitert die Terrasse den Wohnraum im Freien, dort wird gekocht, gegessen und gefeiert. Ihre Größe richtet sich nach dem Lebensstil und der Anzahl der Personen, die Platz finden sollen. Die Fläche muss aber flexibel genug sein, dass man sowohl allein als auch in größerer Runde gemütlich sitzen kann. Ein guter Richtwert ist die Größe des Esszimmers und die Anzahl der Sitzplätze dort. Für wirklich große Feste kann man zusätzlich auch die Rasen- und Wiesenflächen nutzen oder, wie ich es oft erlebt habe, die Garagenzufahrten und Stellflächen. Bodenbeläge auf Terrassen müssen möglichst »wackelfrei«, das heißt eben sein, und nach einem Regenschauer schnell trocknen.

In der Begeisterung, etwas Besonderes und Individuelles gestalten zu wollen, entstehen viele merkwürdige Terrassen, die oft auf einen missverstandenen Ehrgeiz zurückzuführen sind. Wer die Idee der Terrasse als Wohnraum im Freien im Auge behält und sie in erster Linie als Stellfläche betrachtet, ist auf dem besten Weg, diese Fläche sinnvoll zu gestalten. Nicht zu empfehlen sind Terrassen über mehrere Ebenen, bühnenartige Konstruktionen oder kleinteilige Flächen mit Ausbuchtungen.

Wie groß soll eine Terrasse sein? Die Mindestgröße lässt sich über den Platzbedarf für das Mobiliar errechnen. Richtwerte sind:

5 x 3 m für einen ovalen Tisch und 10 Stühle

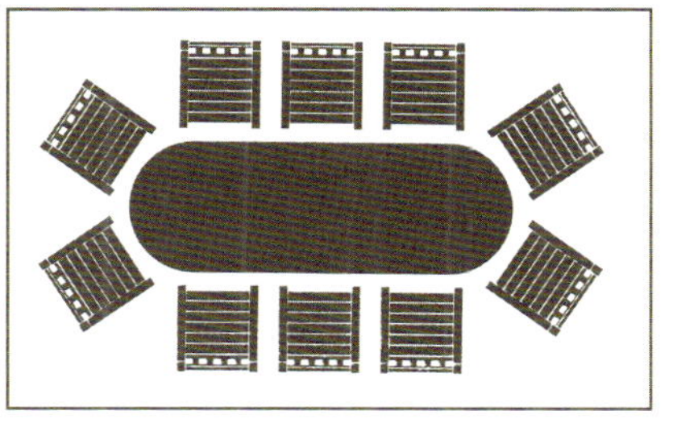

3,80 x 3,80 m für einen runden Tisch Ø 130 cm und 7 Stühle

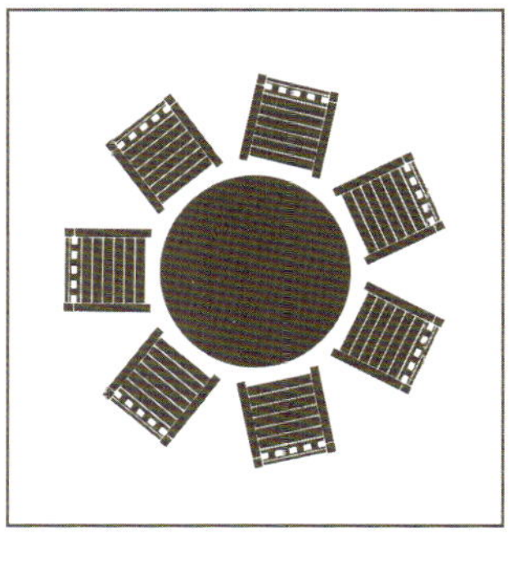

3 x 3 m für einen runden Tisch Ø 90 cm und 4 Stühle

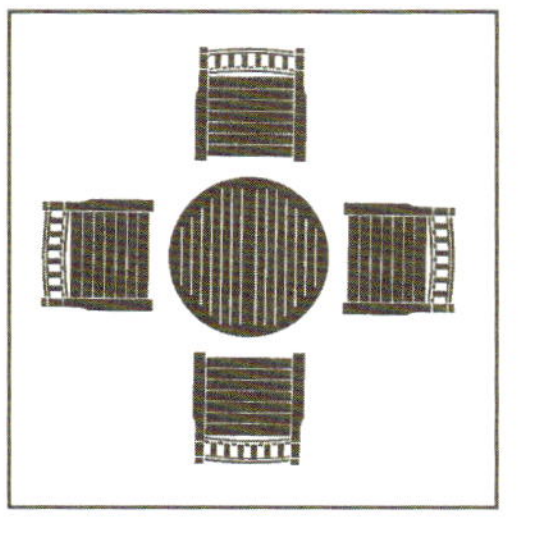

Die Terrasse ist nicht der richtige Ort für bunte, komplizierte Muster, die mit den Gartenmöbeln konkurrieren. Auch rustikale Beläge sind aufgrund ihrer großen Fugen und oft rauen und unebenen Oberflächen für Terrassen eher ungeeignet – Terrassenbeläge sollten standfest, eben und gehfreundlich sein.

Direkt am Haus übernehmen Terrassen auch die Funktion einer breiten Traufzone. Bei Glasfassaden und bündigen Übergängen ist die Wechselwirkung zwischen dem Belag auf der Terrasse und im Haus zu berücksichtigen. Naturstein und Holz können scheinbar nahtlos ineinander übergehen. Dabei sollte sich die Verlegerichtung vom Innen- in den Außenraum fortsetzen. Oft werden bündige Übergänge gewünscht. Doch auch bei breiten Dachüberständen und einem vom Haus wegführenden Gefälle besteht die Gefahr, dass nach starkem Regen oder Schneefall Wasser ins Haus eindringt und langfristig die Türrahmen schädigt. Eine Höhendifferenz von 15 cm zwischen Terrasse und Wohnraum hat sich

Terrassen gibt es in vielen Variationen. Sie können Teil einer größeren Fläche oder »maßgeschneidert« für den alltäglichen Bedarf sein.

deshalb als sinnvoll erwiesen. Alle bündigen Anschlüsse machen eine Drainrinne parallel zur Gebäudekante nötig.

Da man in Deutschland nicht die Vorteile des Mittelmeerklimas genießen kann, muss man auch das »Winterbild« berücksichtigen: In den Wintermonaten ist die Terrasse aufgeräumt und leer. Doch wenn es auch sehr reizvoll erscheint, ist die kleinteilig gemusterte »Perserteppich«-Variante nicht die beste Lösung für Terrassen – sie ist viel zu dominant. Man muss auch nicht sofort zur Farbe greifen. Bestimmte Pflasterverbände wie Segmentbögen, Wildpflaster, Blockverband oder Fischgrät sind wunderschön und weisen ein interessantes Farbspiel auf. Wenn Farbe zum Einsatz kommen soll, dann möglichst nur als punktuell überlagertes Muster, als umlaufendes Band oder als Pflasterornament an einer prägnanten Stelle.

Gartenwege

Wege gehören zu jedem Garten. Sie spannen den Bogen zwischen Nutzen und Ästhetik, bestimmen sowohl die räumliche Aufteilung des Grundstücks als auch das Gartenerlebnis. Wie viel Bedeutung man den Wegen beimisst, hängt von der persönlichen Einstellung ab. Während manche einen Weg als eine funktionelle Notwendigkeit betrachten, sehen ihn andere als Gestaltungselement. Jeder kennt Beispiele von »überdesignten« Wegen aus Gartenzeitschriften – merkwürdige Materialkombinationen und Flächenverzerrungen, die den Garten dominieren. Gut aber sind Lösungen, die die Belange des Nutzers berücksichtigen und dennoch zum Garten passen. Denn die Art des Weges und sein Verlauf beeinflussen die Stimmung: Ein kerzengerader Weg wirkt völlig anders als ein geschwungener; neutrale Farben fügen sich besser in das Gesamtbild ein als auffällige bunte; eingefasste Wege wirken ordentlich, ungefasste dagegen natürlich. Genauso wenig wie ein teurer Belag einen Weg automatisch schöner macht, ist ein billiger Belag immer schlecht. Ausschlaggebend ist die richtige Wegebreite sowie der passende Stil und Belag für den jeweiligen Zweck.

Einfach erklärt, ist ein Weg die direkte Verbindung zwischen zwei Punkten, ein Mittel, um ein Grundstück zu durchqueren ohne das Schuhwerk unnötig zu strapazieren. Aber nicht alle Wege sind gleich, je nach Art und Benutzungsfrequenz gibt es unterschiedliche Typen:

- Hauptwege
- Parkwege/Spazierwege
- Nebenwege
- Wirtschaftswege
- Stichwege
- Trampelpfade/Schleichwege
- Pfade

Diese unterschiedlichen Wege bilden ein Netzwerk durch den Garten, angefangen beim Hauptweg, der regelmäßig begangen wird, bis hin zum Pfad im hinteren Gartenteil, der vielleicht nur einmal im Jahr benutzt wird. Wege teilen und gliedern den Raum. Eine gut durchdachte Wegeführung kann beispielsweise einen kleinen Garten größer oder einen großen Garten überschaubarer erscheinen lassen.

Der Hauptweg ist vergleichbar mit einem Hauptfluss, von dem alle anderen Wasserwege ab- oder zufließen. Breit genug, dass mindestens zwei Personen nebeneinander gehen kön-nen, verbindet der Hauptweg die wichtigsten Bereiche des Gartens. Aufgrund seiner Bedeutung im Garten sollte er immer eingefasst sein, insbesondere wenn er gelegentlich befah-ren wird. Die Breite des Weges sollte in Relation zur Grundstücksgröße und zum Gestaltungsstil stehen. Empfohlen werden Breiten zwischen 1,40 und 3 m.

Vom Hauptweg gehen schmale Nebenwege ab, zwischen Pflanzbeeten, durch schattige Bereiche oder zu ruhigen Sitzplätzen. Sie gehen in Stichwege und Pfade über, die wie kleine Bäche fast unscheinbar zwischen der Vegetation fließen. In waldartigen Gärten unterstreichen solche »Entdeckerwege« die naturhafte Stimmung, während sie in Bauerngärten Beete gliedern. Die Wegebreiten sollten klar erkennbar abgestuft und stets im Verhältnis zueinander sein. Zwei Drittel der Breite des Hauptweges gilt für Nebenwege als gutes Richtmaß, für untergeordnete Stichwege ein Drittel.

Pfade sind nur feine Linien, manche nur 20 cm breit, die sich kaum von den Trampelpfaden der Tierwelt unterscheiden. Wer auf dem Land lebt, ist vertraut mit dieser Art von Wegen, die vorwiegend am Rand eines Grundstücks oder im Gebüsch zu finden sind und von Füchsen, Dachsen und Katzen stammen. Diese Verbindungen haben Ähnlichkeit mit den Abkürzungen, die häufig in öffentlichen

Breite und Führung eines Weges hängen vom Nutzungsgrad und seinem Stellenwert im Garten ab. Während die Nebenwege in dem weitläufigen Garten (linke Seite) und in den kleinen Gartenkabinetten (rechts oben) auf unterschiedliche Art in weitere Gartenbereiche führen, wird der schmale Stichweg zur Pflege des Nutzgartens (rechts) nur selten begangen, wofür einige Trittplatten genügen.

Soll ein langer Weg kürzer erscheinen, empfiehlt es sich, einen großformatigen Belag entweder über den gesamten Weg oder nur im Randbereich zu verlegen wie hier, wo Natursteinplatten durch Klinkerfelder unterbrochen werden. Wünscht man das Gegenteil, hilft kleinformatiges Pflaster wie Kieselsteine oder Mosaiksteinpflaster.

Verschwindet ein Weg um die Ecke, erweckt dies Neugier und der Garten erscheint größer.

Anlagen zu finden sind, an Stellen an denen der ausgewiesene Weg nicht mit der Wunschstrecke der Nutzer übereinstimmt. Le Corbusier, der berühmte Architekt der Moderne, nahm die Frage der Wegeführung sehr ernst und legte Wege erst an, nachdem die Besucher der Anlagen ihre Wunschstrecken in den Rasenflächen »vorgetrampelt« hatten.

Strenge gerade und diagonale Wege einer Wertigkeit werden in Privatgärten selten gewünscht. Dort ist der Weg mehr als nur eine Beförderungsader, er legt den Grundstein für die Gartengestaltung. Gerade in kleinen Gärten besteht die Gefahr, dass die Wege das Grundstück dominieren oder zerstückeln, sodass Pflanzungen nur inselartig und zusammenhangslos möglich sind. Eine gründliche Wegeplanung gehört deshalb zu den ersten Aufgaben beim Entwurf eines Gartens. Unter Berücksichtigung der Wegehierarchie ist es möglich, zwischen wichtigen und unscheinbaren Wegen zu unterscheiden. Für Wege, die man alltäglich begeht, etwa zwischen der Haustür und dem Auto, ist die direkte, klar erkennbare und schnellste Strecke sinnvoll. Diese Wege müssen breit genug sein, dass man sie immer ungehindert nutzen kann. Bereiche des Gartens, die weniger häufig aufgesucht werden wie Sitzplätze, Tümpel, Blumenbeete oder Schattenpartien, können anders gestaltet werden. Diese Wege sind ein wichtiger Teil des Gartenerlebnisses. Man möchte sich Zeit nehmen, gerne auch abgelenkt werden und nicht nur das Ziel, sondern auch die Reise dorthin genießen.

Eine ablesbare Wegehierarchie ist auch eine wichtige Orientierungshilfe, insbesondere in einem fremden Garten: Ist ein Weg breit, leitet er zu etwas Bedeutendem, ist er schmal, führt er zu geheimnisvollen Bereichen. Ob Wege gerade und streng im Rastersystem nach Art des architektonischen Gartens verlaufen, schlenkernd und mäandernd wie im Landschaftsgarten oder ob sie den ganzen Garten füllen wie in vielen kleinen modernen Gärten, entscheidet der persönliche Geschmack und Gartenstil. Von modischen Trends empfehle ich Abstand zu halten. Besser sind gute Lösungen mit langfristiger Wirkung, die mit der Nutzung des Gartens und der Pflanzung übereinstimmen.

In Nutzgärten fällt die Entscheidung leicht, dort legen die Beete das Wegenetz fest. Aber auch andere Gartenstile weisen ein bestimmtes Vokabular von Wegen auf:

■ Ein formales Wegesystem kennzeichnet den architektonischen Garten, der seit der Renaissance Vorbild für viele Gartengestaltungen ist. Der architektonische Garten besteht aus Gartenkabinetten mit formalen Wegen. Der Hauptweg führt stets auf einen wichtigen Punkt zu, während die Nebenwege im rechten Winkel davon abgehen und die Beete umgeben. Diese rasterartige, meist geometrisch komplexe Aufteilung wird oft aus der Draufsicht betrachtet. Davon abgeleitet sind die Zierwege der Parterres, die nicht begangen, sondern nur betrachtet wurden und als Hintergrund für das »Blattwerk« dienten.

■ Landschaftswege oder Serpentinenwege sind wichtige Bestandteile des parkähnlichen Landschaftsgartens, in dem gerade Wege im Allgemeinen unerwünscht waren. In Harmonie mit der sanften Topographie der Landschaft folgen die langgezogenen s-förmigen Rundwege den Konturen der Bepflanzung und laden zum Spaziergang ein. In sämtlichen Variationen der Zahl »8« schlendern die Wege zwischen bewaldeten und offenen Partien an vorbestimmten Plätzen vorbei. Den Landschaftsgarten bestimmte das Wegenetz, das auch im Detail, wie etwa an Wegekreuzungen und Abzweigungen, den Regeln der sanften Gestaltung folgt. Beliebt im 19. Jahrhundert und in sämtlichen Gartengrößen ausgeführt, gehört dieser Stil heute zu den klassischen Gestaltungsmitteln.

■ Erlebniswege, oft in Form von Rundwegen und mit bewussten Umleitungen angelegt, lenken, bremsen oder führen zu bestimmten Orten. Der Weg bestimmt die Gehgeschwindigkeit und die Dauer des Besuchs, sowohl durch seine Führungslinie als auch durch den Belag, die Ausbuchtungen oder Wegekreuzungen. Dieses komponierte Gartenerlebnis, bei dem der Gestalter eine bestimmte Botschaft vermitteln will, ist die »raison d'être« von Gärten wie Stourhead in England oder auch von altchinesischen Gärten. Dort werden den Besuchern ausgesuchte Gartenbilder an vorgegebenen Stellen präsentiert.

■ Der Weg als Achse und Blickführung: ein angedeuteter Weg, oft aus Rasen, der Aufmerksamkeit erregt und Blicke auf sich zieht. Flankiert von Alleen, Prachtbeeten oder einfach in eine blühende Wiese geschnitten, deutet diese Art von Wegen auf einen Kirchturm außerhalb des Grundstücks, eine Skulptur, einen mächtigen Baum oder auf ein Gebäude. Der Weg ist in diesem Fall eine Schneise mit perspektivischer Wirkung. Die Breite steht im Verhältnis zur Länge und Größe des Objekts.

In kleinen Gärten kann ein Weg das ganze Grundstück in Anspruch nehmen. Die langen Pflanzbeete zu beiden Seiten betonen die Länge und Breite des Weges, sodass der kleine Garten größer wirkt.

Gestaltungstricks und optische Täuschungen

In kleinen Gärten kommen zahlreiche Mittel zum Einsatz, um Weitläufigkeit vorzutäuschen. Die Manipulation über die Wegeführung und den Belag gehören zu den altbewährten und erfolgreichsten Lösungen. Beide berufen sich auf die perspektivische Wirkung und mögliche »deceptio visus«, Augentäuschungen. Ein Weg, breiter als die Norm, mit kleinformatigem Belagsmaterial und im rechten Winkel zum Wegeverlauf verlegt, lässt ein schmales Grundstück breiter wirken. Umgekehrt erscheinen breite, aber kurze Gärten größer und länger, wenn der Hauptweg schmäler als die Norm und mit länglichem, riegelförmigem Pflaster parallel zum Wegeverlauf ausgeführt wird. Eine weitere Möglichkeit für quadratische Gärten sind s-förmige Rundwege oder »8er-Wege«, die am Rande des Gartens verlaufen. Die sonst flach wirkenden Gärten erhalten dadurch eine »Taille«, und die Proportionen werden verzerrt. Gerade Wege lassen sich optisch verlängern, indem man die Ränder konisch zusammenführt, sodass der Weg am Ende enger ist als am Anfang. Nicht nur kleine, sondern auch größere, parkartige Gärten profitieren von optischen Täuschungen.

Einfache Mittel erzielen oft große Wirkung: Zwei Zeilen Natursteinpflaster zwischen den großen Platten lockern den sonst eintönigen »Waldweg« auf und »strecken« ihn.

Nach einem altbewährten Prinzip der französischen Gartentheorie sollte die Länge eines Weges proportional zu seiner Breite sein. Unendlich lange, gerade Wege sind mühsam und langweilig zu begehen. Ist der Weg breiter als üblich, wirkt er kürzer, und das Ziel rückt optisch näher. Achsen und Vistas müssen stets einen Blickpunkt haben, sonst rufen sie ein Gefühl von Orientierungs- und Endlosigkeit hervor.

Plätze im Garten

Neben den bereits erwähnten Garagenzufahrten, Stellflächen und Terrassen gibt es im Garten weitere kleinere und meist zurückhaltend gestaltete Plätze. Solche Gartenplätze dienen dem Aufenthalt, gliedern den Garten, weisen auf Besonderheiten wie seltene Pflanzen, einen Ausblick oder ein Kunstwerk hin oder markieren einen Wegeknotenpunkt. Sie verlangsamen den Gang durch den Garten und ermöglichen, in Ruhe die Umgebung zu betrachten. Solche Plätze sollten schlicht gestaltet und mit einfachen Belägen bedeckt werden.

Sitzplätze befinden sich an versteckten Orten, sie bieten Platz zum Rasten, Lesen oder Sich-Zurückziehen. Ausgestattet mit einzelnen Stühlen oder besser noch mit einer Sitzbank, stellen sie keine großen Ansprüche an ihre Gestaltung. Für Sonnenanbeter werden sie der Jahres- und Tageszeit entsprechend über den ganzen Garten verteilt. Je nach Sonnenstand wandert man so durch den Garten und lernt immer wieder andere Bereiche kennen. Als

Pendant dazu, um der heißen Sonne zu entfliehen, sind schattige Plätze unter Lauben oder Bäumen beliebt. Um die Wurzeln zu schonen, wird oft kein Belag verlegt. Da diese Plätze selten größer als zwei Quadratmeter sind, ist der Bodenbelag nebensächlich. Er sollte zweckmäßig, aber nicht auffällig sein. Mit Ornamenten sollte man sparsam und mit Bedacht umgehen. Neben den ausgewiesenen Sitzplätzen gibt es in jedem Garten auch spontane Orte, an denen man sich nach Lust und Laune gelegentlich und oft nur mit einem Klappstuhl oder einer Wolldecke ausgestattet aufhält. Der Charme solcher Plätze liegt in ihrer zufälligen Art. Diese Mischung aus festgelegten und flexiblen Plätzen bereichert einen Garten.

Wirtschafts- und Funktionspflaster

Müll- oder Recyclingstandorte finden sich heute in jedem Garten. Neben der einfachen Mülltonne gibt es mittlerweile eine ganze Reihe von Behältertypen. Wo diese ihren Platz im Garten finden sollen, bereitet Planern und Laien gleichermaßen Kopfzerbrechen. Versteckt, aber dennoch gut zugänglich, zweckmäßig,

In jedem Garten sollte es Plätze für kurze Aufenthalte geben, festgelegte oder flexible Orte, in der Sonne oder im Schatten. Der Belag sollte zurückhaltend sein.

Auch die zweckmäßige, versteckte Fläche für Müll gehört bedacht. Der Belagswechsel von Platten zu Kleinstein (unten) verdeutlicht den Übergang zu einem anderen Funktionsbereich.

und ausreichend groß, um alle Behälter unterzubringen, aber nicht überdimensioniert und noch dazu leicht sauber zu halten sollten diese Standorte sein. Die geschickteste, aber leider nicht immer mögliche Lösung ist es, einen belüfteten Müllraum in die Garage zu integrieren. Obwohl bereits zahlreiche Häuschen und überdachte Bereiche entwickelt wurden, ist die vielleicht unauffälligste und noch dazu grüne Alternative ein mannshohes Heckenkabinett nach Renaissanceart. Als Belag eignen sich für eine solche etwa vier Quadratmeter große Fläche schlichte und zweckmäßige Betongehwegplatten.

Auch andere kleine Flächen, für die ein fester Belag sinnvoll ist, zählen zu den Funktionspflastern oder Schwellenpflastern. Dazu gehören Überganszonen zwischen verschiedenen Funktionsbereichen wie Toreinfahrten, Flächen am Fuß von Treppen oder unter Heckenbögen. Gemeinsam ist allen, dass das Pflaster – entweder Kiesel-, Klinker- oder Natursteinpflaster – neutral und in Fußmattenbreite ausgeführt wird.

Linke Seite: Materialien und Formen des Platzes – Kies und Natursteinpflaster sowie Rauten und Kreise – sind einfach, ihre Wirkung überzeugend. Der Platz ist Treffpunkt, Verteiler und Stellfläche für Gartenrequisiten.

Gartentreppen

Zur wohl schwierigsten Entscheidung bei der Gartengestaltung gehört die Frage, wie man Höhendifferenzen überbrückt. Soll die Lösung unauffällig sein, oder sollte man die Gelegenheit nutzen, etwas Dramatisches nach Art der italienischen Renaissancegärten zu gestalten? Die Entscheidung hängt letztendlich von der Funktion der Treppe, ihrer Lage und vom Gartenstil ab. Eine grandiose Treppenanlage wäre als Fortsetzung eines Trampelpfades unpassend, ebenso wie eine rustikale Holztreppe nicht der beste Partner für einen hochwertigen Natursteinweg wäre; ein naturnaher Garten verlangt eine andere Lösung als ein architektonischer Garten.

Die Auswahl an Treppen ist so groß, dass es für jede Situation etwas Passendes gibt. Manche Treppen gleichen Bauwerken, statisch berechnet und mit viel Aufwand konstruiert, andere dagegen sind mit einfachen Mitteln in den Hang geschlagen.

Eine kurze Einführung in das Fachvokabular ist hilfreich, um das Zusammenspiel der einzelnen Bestandteile und die Unterschiede der verschiedenen Treppentypen zu verstehen. Laut Definition ist ein Treppenlauf eine »ununterbrochene Folge von mindestens drei Steigungen«. Die Antrittstufe ist die erste Stufe, der Austritt die letzte, der Auftritt ist die waagrechte Oberfläche, auf die man tritt. Die Treppenwange fasst die Treppenanlage seitlich ein. Unter der Steigung versteht man die Stufenhöhe. Das Steigungsverhältnis ergibt sich aus der Tiefe des Auftritts zur Höhe der Stufe. Die Berechnung dieser Maße geht von einer Schrittlänge von 65 cm aus, wonach die Faustregel

h (Höhe) + h + b (Breite/Tiefe des Auftritts) = 65 cm

festgelegt wurde. Die minimale Stufenhöhe beträgt 10 cm, die maximale 20 cm, dazwischen sind alle Varianten möglich. Hohe Stufen sind unbequem und anstrengend zu besteigen, zu niedrige Stufen nehmen viel Fläche in Anspruch, haben einen unbefriedigenden Rhythmus und gleichen langgezogenen Stolperstellen. Am besten sind Höhen zwischen 12 cm und 15 cm. Innerhalb einer Treppenanlage muss die Steigung gleich sein, auch wenn Podeste dazwischenliegen. Die Anzahl der Stufen ergibt sich aus der Höhe, die zu überwinden ist, und dem gewählten Steigungsverhältnis. Dabei ist zu berücksichtigen, dass jede Stufe ein Gefälle von 2 bis 2,5 Prozent aufweisen muss. Die Breite der Treppe passt sich der Art der Treppenanlage, dem angrenzenden Weg sowie den gestalterischen Gesichtspunkten an. Im Allgemeinen werden Breiten ab 70 cm empfohlen, wobei für kürzere Treppenanlagen mit weniger als sechs Stufen auch Breiten von 40 cm möglich sind.

Ein Podest ist eine waagrechte Unterbrechung einer Treppenflucht, dessen Breite der Stufenbreite entspricht. Die Tiefe richtet sich nach dem Schrittmaß und danach, ob Wege davon abgehen. Podeste sind einerseits aus technischen Gründen notwendig. Andererseits erleichtern sie das Treppensteigen, wenn sie die Stufen in regelmäßigen Abständen (oft nach acht bis zwölf Stufen) unterbrechen. Auch Richtungswechsel innerhalb einer Treppenanlage lassen sich am besten durch Podeste lösen. In diesem Fall kann ein Podest auch Aussichtsplattform oder Sitzplatz sein.

Auch wenn Treppen ein architektonisches Element sind, dürfen die Maße nicht vom Innen- in den Außenraum übertragen werden – die Lage im Freien verlangt andere Proportionen. Gartenstufen müssen bequem zu besteigen, überschaubar und sicher sein. Sie sind daher niedriger und haben tiefere Auftrittsflächen als ihre Hochbauverwandten. Grundsätzlich ist zwischen Treppen und Stufen rund ums Haus und Treppenanlagen im Garten zu unterscheiden. Treppen, die im Zusammenhang mit der Fassade stehen, müssen gestalterisch auf die Architektur abgestimmt sein. Beispiele aus der Gründerzeit geben wertvolle Hinweise, wie sich Höhendifferenzen zwischen Haus und Garten überbrücken lassen, ohne dass sie überzogen oder pompös wirken. Stufen über die gesamte Terrassenbreite können als Sitz- oder Stellflächen fungieren. Über seitliche Treppen gelangt man von einer anderen Richtung in den Garten.

Höhenunterschiede bringen Spannung in den Garten. Auch wenn ein Garten nicht an einem Hang liegt, kann man durch Bodenmodellierung für Höhenentwicklung sorgen. Bereits ein Höhenunterschied von 60 cm reicht aus, um die Dimensionen eines Gartens zu verändern. Das bekannte englische Planerteam Edwin Lutyens und Gertrude Jekyll beispielsweise gestaltete viele Gärten mit oftmals nur aus

Treppen besitzen eine eigene Ästhetik. Die Legstufen (linke Seite) scheinen aus der Mauer zu wachsen und sind von einer Schönheit, die nur aus handwerklichem Können entsteht. In der Gartengestaltung nehmen Treppen eine besondere Rolle ein. Sie können für Interesse sorgen, Neugier wecken und ins Unbekannte führen (oben).

Einseitige, freischwebende Treppen wirken leicht und modern und fügen sich gut in die Vegetation ein. Sie eignen sich aber nur als Nebentreppen für trittsichere, schwindelfreie Personen.

Kurze Treppenfluchten aus Blockstufen zählen zu den klassischen Elementen eines Gartens.

drei Stufen bestehenden Senkgärten, eine Idee, die durchaus auch auf kleine Grundstücke übertragbar ist.

Gartentreppen werden nach ihrer Bauweise unterschieden, die sich jeweils nach der Bildung der Stufen richtet. Treppen müssen sicher in der Konstruktion und Materialwahl sein. Von glatten, polierten Materialien ist abzuraten, griffige, leicht aufgeraute Werkstoffe sind vorzuziehen. Holz eignet sich aufgrund der Rutschgefahr bei Nässe nur bedingt und sollte am besten kombiniert werden mit einer rutschfesten Trittfläche aus einem anderen Material. Pflastersteine sollten nur für das Auspflastern der Fläche hinter der Stufe verwendet werden und nicht für die Stufe selbst.

Blockstufen

Aus ganzen Naturstein-, Beton- oder Holzblöcken, versetzt übereinander aufgebaut, bilden Blockstufen eine stabile und haltbare Treppe. Der Auftritt sollte mit leichtem Gefälle von 2 bis 2,5 Prozent gelegt werden, damit das Oberflächenwasser schnell abfließen kann. Die Oberfläche sollte nicht zu glatt, sondern leicht aufgeraut sein. Bei Naturstein zum Beispiel lässt sich ein besserer Halt herstellen, indem man ein paar Zentimeter von der Vorderkante der Stufe scharriert (Bearbeitungsarten siehe Seite 73). Während Naturstein- und auch Holzblockstufen nach Maß in beliebiger Breite geliefert werden können, sind Betonblockstufen in Längen von 50 bis 100 cm und in 15 cm Höhe als Fertigware erhältlich. Breite Treppen bestehen oft aus mehreren, eng an eng gesetzten Blöcken, wobei die Fugen von Stufe zu Stufe versetzt sein sollten.

Blockstufen können auch aus Klinkerpflaster mit speziellen Formsteinen bestehen. Gebrauchte Natursteinbordsteine sind eine interessante und kostengünstige Alternative zu regulären Blockstufen. Treppen aus Bahnschwellen werden aufgrund der mittlerweile bekannten Schadstoffbelastung und der Rutschgefahr bei Nässe heute nur noch selten gebaut.

Legstufen

Wer eine elegante Stufenart sucht, sollte Legstufen wählen. Diese zweiteilige Stufe besteht aus einer Auftrittplatte von 5 bis 8 cm Stärke, die mit leichten Überstand entweder auf einen Block oder auf gemauerte Teile gelegt wird,

Der englische Landschaftsarchitekt Thomas Mawson hat in seinem Buch »The Art and Craft of Garden Making« verschiedene Treppenformen vorgestellt, die auch auf heutige Gartengestaltungen übertragbar sind.

Treppen sollten auf den Gartenstil abgestimmt sein. Die auslaufenden Granitblockstufen, rhythmisch passend zur angrenzenden Bepflanzung, bringen Bewegung in den Garten.

Hanggärten bieten Chancen für ungewöhnliche Lösungen. Die halbrunde Treppe, flankiert von torartigen Stützwänden, ist einladend und geheimnisvoll.

Die unendliche Treppe: Die Legstufen verleihen der Anlage Leichtigkeit und Rhythmus.

die die Steigung bilden und deren Maß von der Endhöhe der Stufe abhängt. Als Material bietet sich Beton, Naturstein, Klinker oder Ziegel an. Schöne Beispiele von Legstufen mit hervorragend profilierter Stufenvorderkante, gerundet oder mehrfach profiliert, finden sich in vielen historischen Gartenanlagen.

Stellstufen

Stellstufen sind eine ausgesprochen ländliche Lösung. Sie bestehen aus senkrecht eingesetzten Platten oder waagrecht eingebetteten Hölzern und hinterfülltem, manchmal gepflastertem Auftritt. Die Stufen sind nicht besonders standfest, mit der Zeit lockern sie sich, die Platten neigen sich nach vorne, und die Hinterfüllung wird bei stärkerem Regen leicht ausgespült. Deshalb eignet sich diese Treppenkonstruktion eher für gelegentliches Begehen. Eine Variation, die oft in Waldgebieten zu sehen ist, sind Treppen aus Holzpfählen. Je nach Treppenbreite bestehen sie aus mehreren gleichmäßig verteilten und eingesenkten Rundholzpfählen, hinter die der Breite nach Holzpfähle oder -stämme mit oder ohne Rinde geschichtet sind. Diese Stufen sind nur so gut wie die Hinterfüllung, die nach starken Regengüssen immer wieder kontrolliert und gegebenenfalls nachgebessert werden muss. Diese Art von Treppen ist ideal für naturnahe, Gärten mit einer rustikalen Note.

Einseitige, freitragende Stufen

Früher waren freitragende Stufen eher selten zu sehen, doch heute findet man sie zunehmend in modernen Anlagen. Diese Art von Gartenstufen leitet sich ab von Stufen, die dem gelegentlichen Übersteigen von Feldmauern dienen. In ihrer Urform bestanden diese Treppen selten aus mehr als sechs Natursteinstufen mit leicht unterschiedlichen Auftrittsflächen, die früher in verschiedenen Höhen übereinander und fest im Mauerwerk verankert waren. Heute wird neben Natursteinplatten auch Metall oder Holz verwendet. Die Abmessung der beinahe schwebenden Stufen wird oft auf das Minimum reduziert, der Höhenabstand von Stufe zu Stufe ist gleich. Reizvoll sind ihre Leichtigkeit, ihr Rhythmus und die lineare Schattenwirkung. Nach wie vor sollten einseitige Stufen aber nur als Nebentreppen eingesetzt werden, da sie für Kinder und ältere Leute gefährlich sein können.

Schrittstufen

Mit ihren langgestreckten Stufen und großen Auftrittsflächen, die sehr bequem zu begehen sind, sind Schrittstufen eine Mischung aus Rampe und Stufenanlage. Der Abstand der Stufen richtet sich nach dem Schrittmaß. Für ein angenehmes Gehen sollten die Stufen nicht höher als 15 cm sein. Wegen ihres hohen Flächenanspruchs werden sie nur für kurze Treppenabschnitte im Hausgarten eingesetzt und eher in Parkanlagen vorgefunden. Schrittstufen sind eine beliebte Treppenform aus Natursteinblockstufen und Kieselpflaster-Auftrittsflächen, die man häufig in Altstädten im Mittelmeerraum vorfindet, wo sie früher nicht nur von Fußgängern, sondern auch von Eseln, Maultieren und Pferden benutzt wurden.

Rampen

Rampen sind ansteigende Wege, deren Steigung nicht mehr als 6 Prozent betragen sollte, damit sie auch mit einem Rollstuhl, einem Kinderwagen oder mit einer Schubkarre bequem befahren werden können. Die Forderung nach behindertengerechten Zugängen macht Rampen zunehmend auch in Gartenanlagen notwendig. Während ihre Ausführung über geringe Höhen einfach zu lösen ist, stellt ihre Einbindung über große Höhendifferenzen in engem Raum Probleme dar. Rampen benötigen so lange Abwicklungen, dass oft der gesamte Garten dafür benötigt wird. Lediglich bei Hanggrundstücken, die nicht besonders steil sind, wäre der Bau eines ansteigenden, gewundenen Weges möglich und könnte sogar zum Gestaltungselement werden. Gute Beispiele von Rampen neben Treppen – wie im Belvedere in Wien – sind selten und erfordern hohe gestalterische Fähigkeiten.

Alle genannten Treppenformen benötigen ein stabiles und fachmännisch ausgeführtes Fundament. Es genügt nicht, die Stufen einfach ins Bodenreich zu setzen. Bei großen Treppenanlagen ist es notwendig, ein Fundament aus Beton in Treppenform vorzuprofilieren. Form und Größe des Fundaments und gegebenenfalls eine Bewehrung werden durch eine statische Berechnung vorgegeben. Auf dieser Grundlage werden die Stufen in Mörtel verlegt. Aber auch bei kleineren Treppenverläufen ist es ratsam, die unterste Stufe auf ein Fundament zu setzen.

Bei geringen Höhenunterschieden oder in Gärten mit ausreichendem Platz sind Schrittstufen eine gute Lösung, um Steigungen bequem zu überwinden. Je nach Gartenstil können sie elegant (oben) oder ländlich rustikal (unten) sein.

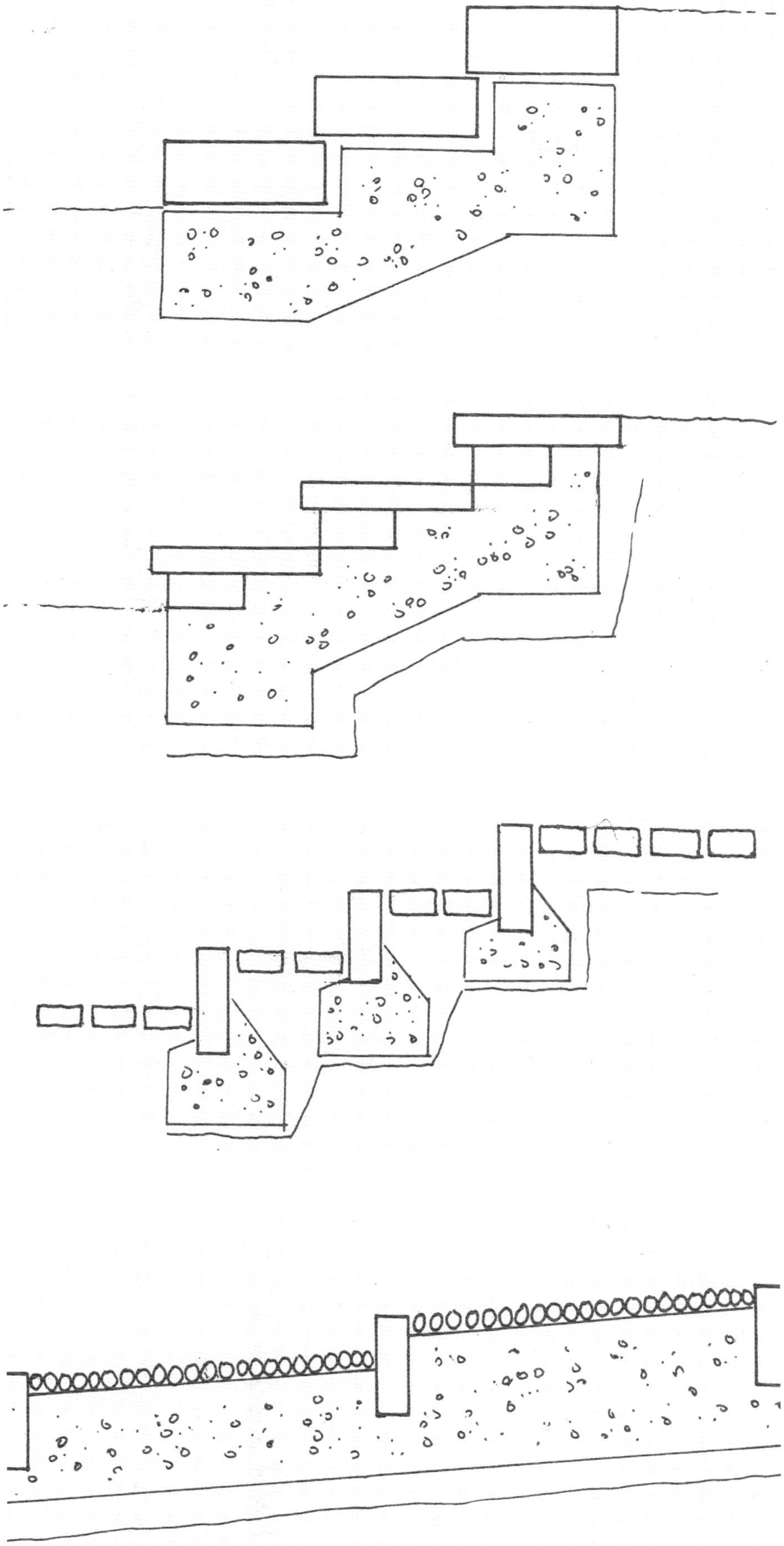

Vereinfachte Schemaschnitte durch die verschiedenen Stufentypen, bei gleichbleibender Stufenhöhe und -tiefe. Von oben nach unten: Blockstufen, Legstufen, Stellstufen und Schrittstufen. Ein Betonfundament kann je nach Anzahl der Stufen einzeln oder über die gesamte Länge notwendig sein.

Linke Seite: Im Waldgarten fügt sich die Treppe wie von der Natur gestaltet ein.

Komponenten und Voraussetzungen

Es ist kaum vorstellbar, dass sich dieser Steinhaufen in wundervolle befestigte Flächen verwandeln lässt.

Obwohl sich dieses Buch vorrangig mit der Gestaltung und dem Einsatz von befestigten Flächen und weniger mit deren Ausführung beschäftigt, ist es dennoch wichtig, einige technische Aspekte zu erwähnen, die die langfristige Haltbarkeit der Decke betreffen. Jeder Bodenbelag ist nur so gut wie der darunterliegende Ober- und Unterbau. Jeden Fehler und jegliche Sparmaßnahme in der Ausführung wird man früher oder später an der Oberfläche spüren: Unzureichende Verdichtung bedingt Unebenheiten, fehlendes Gefälle führt zu stehendem Wasser und mangelhafte Einfassung zu Flächenverzerrung. Wie eine befestigte Fläche aussieht und wirkt, hängt sehr stark von deren Ausführung ab. Die fachgerechte Ausführung beinhaltet nicht nur die sichtbaren Teile wie den Bodenbelag, sondern auch die ebenso wichtigen unterirdischen Komponenten. Von oben nach unten gesehen, setzt sich der Aufbau zusammen aus:

- Decke: Belag und Bettung
- Oberbau: Tragschichten inklusive Frostschutzschichten
- Unterbau
- Untergrund: anstehender Boden

Spaziert oder fährt man über befestigte Flächen, so denkt man nicht darüber nach, wie die Fläche aufgebaut ist. Erst wenn Schäden sichtbar werden, wenn die Oberfläche uneben wird, wenn sich Schlaglöcher formen oder sich die Fahrspuren auf dem Belag abzeichnen, treten Fragen auf.

Ober- und Unterbau – unsichtbar und unverzichtbar

Der Aufbau eines Bodenbelags im Freien erfolgt tortenartig. Je nach Bodenbeschaffenheit und vorgesehener Belastung wird er Schicht für Schicht in vorgeschriebenen Stärken und ohne organische Bestandteile aufgetragen, verdichtet und planiert. Dieses Prinzip gilt für alle befestigten Flächen, für Wege und Plätze gleichermaßen. In meinem Buch »Richtig Pflastern« habe ich dieses Thema detailliert behandelt. Um zu verdeutlichen, wie wichtig ein fachgerechter Aufbau ist, fasse ich die wesentlichen Aspekte zusammen.

Die Beschaffenheit des anstehenden Bodens, auch Untergrund genannt, ist maßgebend für den erforderlichen Aufbau. In manchen Fällen wie beispielsweise auf kiesigem Untergrund ist es nicht notwendig, einen verbesserten Unterbau auszuführen. Auf weichem, lehmigem oder moorigem Untergrund ist dies dagegen unbedingt erforderlich. Der Sinn und Zweck des Unterbaus liegt zum einen darin, die oberen Schichten (Oberbau und Decke) zu tragen. Zum anderen soll er das Regenwasser, das durch die Decke versickert, schnell und gleichmäßig ableiten und dadurch Staunässe verhindern, die die Stabilität einer Fläche gefährdet.

Neben der Beschaffenheit des Untergrunds ist die vorgesehene Belastung einer Fläche entscheidend für den Aufbau und die Stärke der Tragschichten, auch Oberbau genannt. Es wird zwischen schwerem, mittlerem und leichtem Verkehr unterschieden. Je höher die

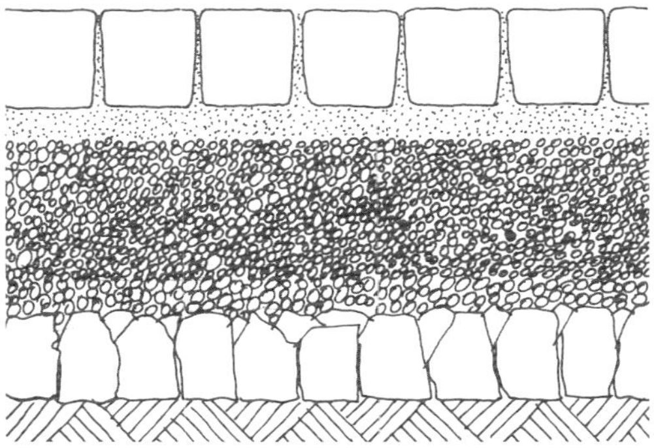

Unterbau und Bettung für Natursteinpflaster: Großsteinpflaster in 50 mm Sandbett, Körnung Ø 2–5 mm.
Unterbett: mindestens 30 cm Kies Grundbau in Lagen: 250 mm. Packlage: In Gegenden mit Kiesuntergrund kann der Kiesunterbau die Packlage ersetzen.

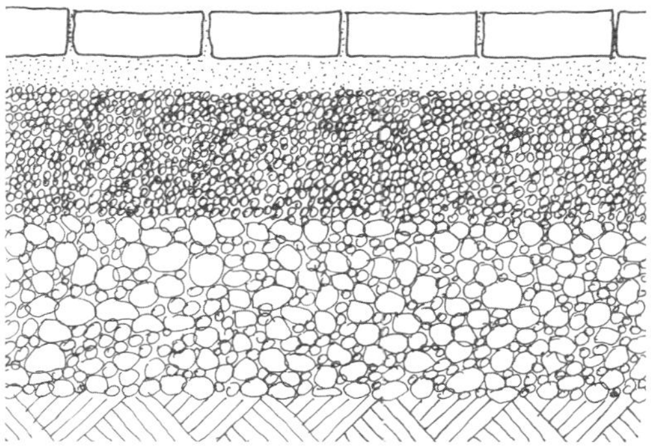

Verlegung von flachverlegtem Klinker für unterschiedliche Verkehrsbelastung. Aufbau für mittelschweren Verkehr (Parkplätze, Hofeinfahrten):
Bettung: 50–100 mm Splitt oder Pflastersand, Körnung Ø 3–4 mm
Unterbau: 200–300 mm Schotter als Packlage, eingerüttelt und verdichtet, 300–400 mm Frostschutzschicht (Kies) verdichtet, Tiefe je nach Beschaffenheit des Untergrundes.

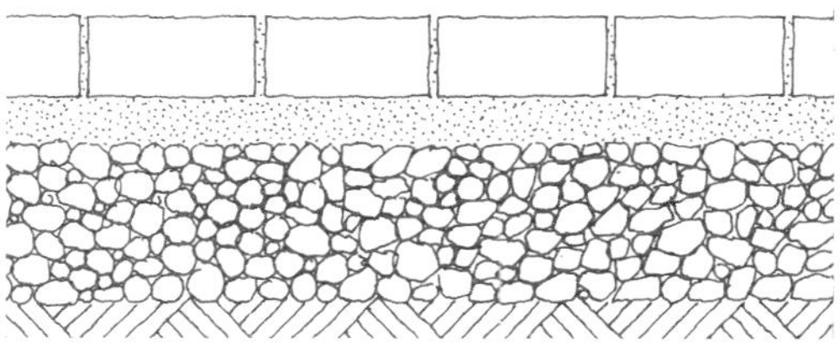

Klinker, flach verlegt, Aufbau für leichten Verkehr (Gartenweg und Terrassen): Bettung: 40-50 mm Splitt oder Pflastersand, Körnung Ø 3–4 mm.
Unterbau: 200–300 mm Frostschutzschicht (Kies) in Gegenden mit gutem, wasserdurchlässigem Untergrund (Kies) kann auf den Unterbau verzichtet werden. In diesem Fall ist der Untergrund zu planieren.

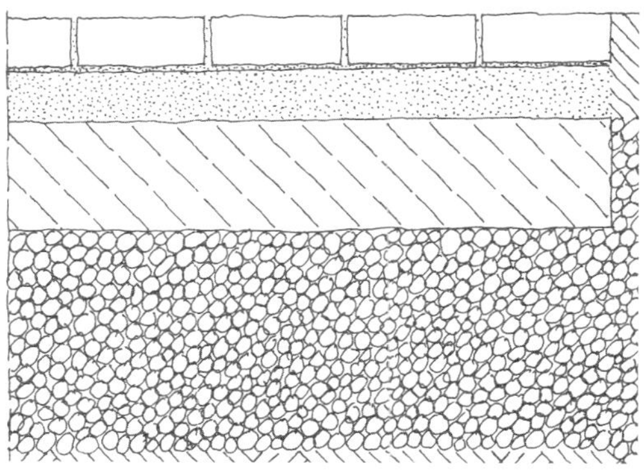

Verlegung auf Beton (hier Klinkerbelag auf Unterbeton): Klinker verlegt in Zementschlämme 2–3 mm, Magerestrich mit endgültigem Planum eingebaut und verdichtet.
Unterbeton: Oberfläche mit 2 Prozent Gefälle vom Gebäude weg (Bewehrung für Bereiche mit schwerer Last notwendig).
Dehnungsfugen pro 25 m^2 notwendig.
Unterbau: Verdichtete Frostschutzschicht aus nichtbindigem, wasserdurchlässigem Material (Kies).

Belastung, desto stärker müssen die Tragschichten sein. Wege, Terrassen und Plätze im Garten sind als Flächen mit schwacher Belastung, Zufahrtsbereiche von Garagen, Stellplätze und Auffahrten als Flächen mittlerer Belastung einzustufen.

Ein weiterer wichtiger Aspekt, der beim Aufbau zu berücksichtigen ist, ist das Klima, vor allem die Frostzone. Deutschland ist in drei Frostzonen (I bis III) aufgeteilt (siehe Abbildung rechts unten). Schäden, die durch Frosteinwirkung entstehen, sind nicht zu unterschätzen. Ohne Maßnahmen, die den Unterbau frei von Staunässe halten, ist die Stabilität der Deckschicht erheblich gefährdet. Das Wasser gefriert, dehnt sich aus, drückt in alle Richtungen und führt so zu Verwerfungen und Verformungen an der Oberfläche. Zu berücksichtigen sind dabei auch örtliche Bedingungen wie die geographische Ausrichtung des Gartens und das Vorkommen von Frostlöchern. An Nordhängen sind stärkere und länger anhaltende Fröste zu erwarten. In diesem Fall muss die Frostschutzschicht stärker sein. In Zone II beispielsweise sollte diese 5 cm und in Zone III 15 cm stärker sein.

Nachdem man die Stärke des Ober- und Unterbaus berechnet hat, kann der Bodenaushub erfolgen. Bei der Instandsetzung oder Erneuerung einer befestigten Fläche kann es notwendig sein, verschmutzten oder unzureichenden Unterbau auszutauschen und zu verbessern. Vor dem Einbau der Tragschichten werden die Flächen planiert und verdichtet. Wenn mehr als 40 cm ausgehoben sind, werden nacheinander mehrere etwa 30 cm starke Schichten aufgetragen und jeweils fachgerecht verdichtet. Das Material der Tragschichten muss wasserdurchlässig und frei von erdigen, lehmigen oder organischen Bestandteilen sein. Die Höhe des Pflastersteins samt der Bettung beziehungsweise die Stärke der Deckschichten ist bei der Berechnung der Aushubtiefe und Stärke der Tragschichten zu berücksichtigen. Diese Bauweise des Unter- und Oberbaus gilt für alle befestigten Flächen mit Ausnahme von Holzdecks.

Die Decke

Neben optischen Gesichtspunkten sind einige wichtige technische Aspekte maßgeblich für die Dauerhaftigkeit der Decke. Nicht jedes Material eignet sich als Bodenbelag. Erfüllt es

nicht die Grundvoraussetzungen der Tritt- und Witterungsbeständigkeit, eignet sich das Material nur begrenzt für dekorative Zwecke. Der zunehmende Trend, alle möglichen, teilweise fremdartigen Materialien als Bodenbelag einzusetzen, bleibt ein Experiment mit ungewissen Konsequenzen. Grundsätzlich ist zwischen zwei Arten von Decken zu unterscheiden:

- Platten und Pflastersteine
- loses, ungebundenes Material

Während loses, ungebundenes Material wie Kies oder Holzhäcksel direkt als abschließende Schicht auf die Tragschichten aufgetragen wird, werden Pflaster und Platten in einer Bettung verlegt. Pflasterflächen bestehen aus fünf Komponenten:

- Steinmaterial
- Steingröße
- Verlegeart
- Bettung
- Fugenmaterial

Eine breite Natursteinplatteneinfassung begrenzt den Weg und reduziert das »Wandern« von kleinen Kiesteilen in die Pflanzflächen.

Überblick über die Frostzonen gemäß »Merkblatt für die Verhütung von Frostschäden an Straßen«. Sie sind als Richtwerte zu sehen, denn im Endeffekt sind lokale Klimaverhältnisse entscheidend.

- Zone I: keine Frostschutzmaßnahmen notwendig
- Zone II: Frostschutzmaßnahmen notwendig
- Zone III: Frostschutzmaßnahmen notwendig

Alle Pflasterverbände sind auf klaren Prinzipien aufgebaut. Die Proportionen zwischen Fuge und Stein müssen stimmen; Gullys und Schächte sind in die Pflasterfläche einzubinden. Da das Pflaster nie direkt an die Einbauten stoßen sollte, empfiehlt sich eine einzelne Steinreihe als Übergang.

Die Abstimmung der Komponenten bestimmt das Aussehen des Belags. Egal ob Naturstein, Klinker, Ziegel oder Beton zum Einsatz kommen, gelten einige Grundregeln der Gestaltung:

- Größe und Form der zu befestigenden Fläche bestimmen, welche Pflasterarten infrage kommen. Zwickelflächen lassen sich gut in Mosaiksteinpflaster pflastern. Lange, schmale Flächen mit starker Führungswirkung sind prädestiniert für Fischgrätverband. Rechteckige Terrassen dagegen können mit Mittelstein- oder Blockverband verlegt werden.
- Mit Ausnahme von Wild- und Passéepflaster sind alle Arten von Verbänden auf klaren geometrischen Prinzipien aufgebaut.
- Stoßen unterschiedliche Verlegearten oder Materialien aneinander, sollte mindestens eine Zeile Pflaster als neutraler Übergang verlegt werden.
- Entwässerungsrinnen sollten in die befestigte Fläche integriert und im gleichen oder passenden Material der Pflasterdecke ausgeführt werden.
- Gullys, Hofsinkkästen und Deckel jeder Art sind ebenfalls in die Fläche zu integrieren. Dabei soll die Pflasterung nie direkt an die Einbauten anschließen, sondern eine einzelne Zeile Pflaster sollte diese rahmen.
- Wo Pflasterflächen an Mauern und Wände stoßen, ist eine neutrale Reihe parallel zur Gebäudekante zu pflastern.
- Das Verhältnis zwischen Fuge und Pflaster oder Platte muss stimmen.

Bettung

Als Bettungsmaterial eignet sich je nach Region Sand (Körnung 0/2 mm oder 0/4 mm), Kiessand, Brechsand oder Splitt (1/3 mm oder 2/5 mm), frei von organischen Bestandteilen. Die Bettungsschicht wird unter Berücksichtigung des Gefälles gleichmäßig in Proportion zur Stärke des Steins oder des Plattenmaterials aufgetragen. Bei Großsteinpflaster beträgt die Bettung beispielsweise maximal 5 cm, bei Klein- und Mosaiksteinpflaster 3 cm. Anschließend werden die Flächen im gleichen wasserdurchlässigen Material wie die Bettung verfugt. Bettung, Steine und Fugenmaterial sorgen zusammen für die Stabilität der Fläche. Um eine kompakte und dichte Fläche zu erzielen, müssen alle drei Komponenten fachgerecht ausgeführt und verdichtet werden. Die Oberfläche muss mehrfach eingefegt und einge-

schlämmt werden und ruhen, bevor sie betreten oder befahren werden kann.

Fugen

Die Fugenbreite richtet sich nach der verwendeten Belagsart und ist in DIN 18318 geregelt:

- Betonsteinpflaster: je nach Rastermaß 3 bis 5 mm, bei gegossenen Fugen mindestens 8 mm
- Klinkerpflaster: Mindestens 3 mm für enge Fugen »E«, 8 bis 10 mm für breite Fugen »F«, bei gegossenen Fugen mindestens 8 mm
- Natursteinpflaster: Fugenbreite an der Kopffläche. Pressfugen sind nicht erlaubt.
Großstein: maximal 15 mm
Kleinstein: maximal 10 mm, bei gegossenen Fugen mindestens 8 mm
Mosaikstein: maximal 6 mm
- Plattenbelag: je nach Rastermaß 3 bis 5 mm, bei gegossenen Fugen mindestens 8 mm

Neben dem klassischen Fugenmaterial wie Sand, Brechsand oder Splitt bietet der Fachhandel Zementmörtel, Kalkmörtel, Fugenverguss aus Bitumen und aus elastischem plastischem Fugenmaterial. Während Zement- und Kalkmörtel primär in überdachten Bereichen verwendet werden, eignet sich Fugenverguss für Bereiche mit höherem Belastungsgrad und höherer Nutzungsfrequenz als in Privatanlagen. Dabei ist zu beachten, dass das Material sauber aufgebracht und überschüssiger Fugenverguss entfernt wird. Einige Gesteinsarten, zum Beispiel heller Granit und einige der chinesischen Granite, reagieren auf das Bindemittel mancher Hersteller mit Farbtonveränderung und Verfärbung. Es ist ratsam, nach der Verträglichkeit zu fragen, bevor man das Fugenmaterial verwendet.

Starre Decken

Die Ausführung von starren Decken erfreut sich zunehmender Beliebtheit. Der Wunsch vieler Kunden nach unkrautfreien, pflegeleichten Flächen führt dazu, dass Pflaster- und Steindecken häufig, vor allem bei Terrassen, auf Beton in Mörtelbett verlegt und mit Mörtel

Das Fugenbild kann genauso wichtig sein wie das Gestein. Die überbreiten Fugen lassen die Natursteinplatten wie Trittsteine wirken, verbunden durch eine ungewöhnliche Ziergraseinfassung.

Einfassungen haben nicht nur optische Wirkung, sie geben befestigten Flächen seitlichen Halt. Großsteinpflaster, ob neu (oben) oder gebraucht (unten), ist universell einsetzbar.

verfugt werden. In manchen Situationen wie auf Tiefgaragendecken, auf Balkonen oder Dachgärten ist dies die einzig mögliche Lösung. Auf solchen undurchlässigen Unterlagen ist jedoch für eine gute Entwässerung zu sorgen. Im Garten wird die starre Verlegung als Möglichkeit gesehen, dünnere Platten oder Fliesen zu verwenden. Leider zeigt die Praxis, dass auch diese Methode nicht vor negativen Auswirkungen durch Witterungseinflüsse schützt.

Oberflächenentwässerung und Gefälle

Einer der wichtigsten Aspekte befestigter Flächen ist, stehendes Wasser zu vermeiden. Niederschlags-, Spritz- und Schmelzwasser müssen schnell und gleichmäßig von der Oberfläche abfließen. Ein gewisser Anteil versickert über die Fugen oder wird im Garten in angrenzende Vegetationsflächen gelenkt. Falls diese Versickerungsmöglichkeiten nicht ausreichen, sind Gullys oder Hofsickerkästen als Sammelpunkt notwendig. Von dort wird das Wasser über Sickerschächte oder -gruben in das Grundwasser zurückgeführt. Heute ist man sich der Konsequenzen unsachgemäßer Oberflächenentwässerung bewusst. In vielen Städten und Gemeinden ist es untersagt, Oberflächenwasser in die Kanalisation einzuleiten. Teilweise wird sogar der Einbau von sickerfähigen Bodenbelägen gefordert. Nur verschmutztes oder belastetes Wasser von Tankstellen oder Werkstätten ist getrennt zu entsorgen.

Die Kombination von einem Quergefälle mit mindestens zwei Prozent und einem Längsgefälle von einem Prozent sorgt dafür, dass das Oberflächenwasser abfließt. Die Berechnung der Höhenabwicklung ist eine Aufgabe, die nicht nur Großprojekte betrifft, sondern auch kleinere. Ohne in die Details zu gehen, sind folgende Grundregeln hilfreich:

- Stets vom Gebäude weg entwässern. Wo es jedoch von der Höhenabwicklung unvermeidlich ist, sollte eine durchgehende Drainrinne verlegt werden. Diese kann Oberflächenwasser ableiten und Staunässe vom Mauerwerk fernhalten. Die Rinne ist von Laub freizuhalten.
- Große befestigte Flächen in kleinere Entwässerungszonen einteilen. Eine starke »Berg und Tal-Höhenabwicklung« vermeiden.
- Platzregen und Schmelzwasser bei der Planung der Entwässerung einbeziehen.

■ Die richtige Gefälleabwicklung für die Situation auswählen: Die Quadratmeterzahl befestigter Flächen, die Niederschlagsmengen (Jahresdurchschnitt) und die Beschaffenheit des natürlich anstehenden Bodens, insbesondere die Versickerungsfähigkeit, berücksichtigen.

Um eine gute Drainage und Wasserdurchlässigkeit zu gewährleisten, sind folgende Punkte zu beachten:

■ Die Oberfläche des Pflasterbettes muss die geplante Neigung der Deckschicht aufnehmen.
■ Die Korngröße des Bettungsmaterials ist auf die der Tragschicht abzustimmen.

Zum Rindenhäckselweg passt eine Holzeinfassung, hier als besondere Betonung des Weges im Landschaftsgarten.

Einfassungen und Randbefestigungen

Einfassungen gliedern befestigte Flächen nicht nur optisch, sondern sind technisch notwendig. Sie geben den befestigten Flächen seitlichen Halt, nehmen Schubkräfte auf und sind wichtig als Ansatzlinie, um manche Verbände auszuführen. Fehlt eine Einfassung, beeinträchtigt dies die Belastbarkeit der Fläche erheblich. Das Abkippen von seitlichen Steinen

Von den zahlreichen Einfassungsarten vom Ende des 19. Jahrhunderts bietet der Handel heute nur noch wenige an, zum Beispiel die Klinkereinfassung »Rope Top«.

Pflasterflächen leben von Details. Die Rollschichteinfassung des Pflasterziegelweges ist gleichzeitig Übergang zum angedeuteten Rasenweg.

Die schmale, leicht erhöhte Mähkante aus Metall ist kaum sichtbar. Eine Reihe getrommelter französischer Kalksteinplatten fungiert als neutrale Trennung zum kunstharzgebundenen Sandweg.

und die Verzerrung des Musters sind die Folgen. Die Einfassung wird vor Ausführung der Pflasterfläche gesetzt und bildet die seitliche Begrenzung eines Weges oder Platzes. Ihre Planung sollte man nie dem Zufall überlassen, sondern von Anfang an einbeziehen. Alle befahrbaren Flächen benötigen eine entsprechende Einfassung, in der Regel in einen Betonkeil eingebettet und über den Belag hinausragend. Lockeres Material wie Kies oder Streudecken können so nicht in die angrenzenden Flächen gelangen, und umgekehrt wird auch die befestigte Fläche nicht durch Erde aus den benachbarten Beeten verschmutzt. Einfassungen definieren Wege oder Plätze. Die jeweilige Situation diktiert, welche Art von Einfassung infrage kommt. Lediglich bei naturnahen, bewaldeten oder ländlichen Anlagen, die nur selten begangen oder befahren werden, kann auf eine Einfassung verzichtet werden. Dort wird die rustikale, improvisierte Note absichtlich gewünscht. Waldpfade und Rasenwege zwischen Wiesen fügen sich ohne

Einfassung besser in ihre Umgebung ein. Manche Einfassungen, wie Baumstämme, gehören eindeutig in eine schattige, baumreiche Umgebung, andere sind universal einsetzbar. Einfassungen sollten auf den Belag und den Gartenstil abgestimmt sein, entweder im selben Material oder im Kontrast dazu. Sie können sich auch durch die Verwendung einer anderen Steinfarbe absetzen. Wassergebundene Decken und Kiesflächen sehen edel aus, wenn sie ein überbreites Einfassungsband aus Beton- oder Natursteinplatten rahmt. Die Einfassung einer Zufahrt kann wie bei einer Straße mit Bordsteinen aus Naturstein und Beton erfolgen.

Übergänge und Trennungen

Übergangszonen und Trennungslinien sind wichtig, wenn zwei Flächen aneinanderstoßen. Sie gliedern eine Fläche optisch, kündigen einen Wechsel im Verband oder in der Funktion an und bilden einen sauberen Abschluss. Hierfür genügt eine Reihe aus Naturstein- oder Ziegelpflaster. Bündig mit der Oberfläche können sie für besseren Halt in einem Betonkeil befestigt werden. Sollte es aus gestalterischen Gründen nicht gewünscht sein, dass die seitliche Einfassung von Naturstein-, Klinker- und Betonflächen auffällt, kann man die letzten drei bis fünf Reihen von Flächen, die nicht befahren werden, je nach Steingröße bündig mit dem restlichen Belag mit Mörtelfugen auf einem Mörtelbett verlegen. Die Randeinfassung kann auch mit der Entwässerungsrinne kombiniert werden: Natursteinpflasterrinnen sind bekannt, aber auch andere Materialien wie Klinker oder Beton bietet der Fachhandel als Muldensteine an.

Mähkanten

Mähkanten sind ein typisches Element und fester Bestandteil englischer Gärten. Die etwa 5 mm breiten Metallbänder zwischen Rasen und angrenzenden Flächen, sei es ein Weg oder ein Pflanzbeet, erfüllen ihren Zweck, ohne zu stören. Der Rasen liegt dabei höher – das ist wichtig, um die Kante genau und sauber schneiden zu können. Das Geheimnis einer scharfen Rasenkante ist der Einsatz eines traditionellen Zylinderrasenmähers.

Neue interessante und edle Einfassungsvarianten, die eher einen optischen als technischen Zweck erfüllen, sind Aluminium-, Edel-

Stoßen verschiedene Verlegearten aneinander, sind sie stets mit einer einzelnen Pflasterzeile – hier aus Carrara-Marmor – einzufassen und einzurahmen.

Schmale Pflastersteifen, egal ob Mähkante oder Pfad, sollten immer aus einer ungeraden Anzahl von Reihen – 3, 5 oder 7 – bestehen.

Klassische englische Rabatten sind oft von einem breiten Einfassungsband gerahmt. Dadurch bleiben die Kanten sauber und überhängende Stauden vom Rasenmäher geschützt.

Rechte Seite: Doch nicht nur Beete und Wege, sondern auch Wasserbecken wirken besser, wenn sie eingefasst sind. Wichtig ist dabei, die Proportionen einzuhalten und sich nicht vor breiten, großzügigen Bändern zu scheuen, die auch als Weg genutzt werden können.

stahl- oder Flachstahlbänder mit einer Materialstärke von 6 bis 8 mm und einer Höhe von 10 bis 15 cm. Beliebig biegbar, eignen sie sich als Einfassung für kurvige Wege oder werden als markante freistehende Elemente eingesetzt.

Rabattensteine und Säume

Nicht nur Wege, sondern auch Pflanzbeete und formale Wasserbecken können eingefasst sein. Solche Einfassungen wirken nicht nur optisch, sondern auch als Sauberkeitsstreifen. Sie dienen gleichzeitig als schmale Wirtschaftswege. Zwischen Prachtbeet und Rasen haben diese kaum mehr als 30 cm breiten Streifen auch die Funktion einer Mähkante. Blätter und Blüten können überhängen, ohne vom Rasenmäher zerschnitten zu werden.

Auch geometrische Wasserbecken in Rasen- oder Kiesflächen profitieren von einer Einfassung aus Platten oder Ziegelpflaster als Rollschicht verlegt. Ebenso ist ein Saum aus drei Reihen Großsteinpflaster oder fünf Reihen Kleinsteinpflaster möglich. Selbstverständlich und zweckmäßig, fallen diese weichen Kanten kaum auf im Gegensatz zu ihren historischen Vorbildern aus Metall oder mit allerlei Zierde versehene Ziegel, die Beete oder Rasenflächen als Einfassungskranz schmückten.

Setzt man Rabattensteine als Wurzelsperre ein, sollte man diese ausreichend tief einbauen und ein neutrales, unauffälliges Material wählen. Kunststoff ist aus optischen Gründen und aufgrund der geringen Haltbarkeit nicht zu empfehlen.

Auswahlkriterien für den geeigneten Bodenbelag

Die Wahl des Bodenbelags ist oft eine Frage des Geschmacks. Auch unter den modernen Lösungen gibt es zahlreiche Stile vom urban Gewagten (oben) bis zur zeitlos klassischen Eleganz (rechte Seite).

Nie war das Angebot an Bodenbelägen so umfangreich und vielseitig wie heute. Pflasterarten gibt es für jeden Geschmack, Zweck und Stil. Die Auswahl an Formen und Materialien ist groß. Die Gestaltung einer befestigten Fläche im Garten ist eine einmalige Gelegenheit – kein Vorhaben, das man dem Zufall überlassen sollte. Niemand möchte diesen wichtigen Bauvorgang mit all den Entscheidungen, Unannehmlichkeiten und nicht unerheblichen Kosten zweimal über sich ergehen lassen. Wie aber kann man sich sicher sein, das Beste für den gewünschten Zweck, den Lebensstil und das zur Verfügung stehende Geld zu machen?

Es reicht nicht, einen Belag allein aufgrund seiner Optik auszuwählen, da andere Aspekte eine ebenso wichtige Rolle spielen. Neben der Funktion und dem Nutzungsgrad einer befestigten Fläche sind die Qualität des Materials, vor allem die Frostbeständigkeit, die Gehfreundlichkeit und Fragen zur Ausführung zu bedenken. Auch die Lage und die Architektur des Hauses darf man bei all den Überlegungen nicht vergessen. Gründliche Recherchen zahlen sich aus. Das Pflastern ist auf erprobten Regeln aufgebaut, von der Frage, welcher Verband zu welchem Stein passt, welches Material belastbar ist, bis hin zu Erfahrungswerten bezüglich der Lebensdauer eines Materials. Diese zum großen Teil altbewährten und über Generationen erprobten Leitlinien sollte man bei der Auswahl des Bodenbelags berücksichtigen. Mit diesen hilfreichen Informationen ist man auf dem richtigen Weg, das ideale Pflaster zu finden.

Momentaufnahme im Winter: Der Schnee bleibt im Fugenbereich liegen und zeichnet die Pflasterstruktur nach.

Auf keinen Fall sollte man versuchen, das Vorhaben an einem Wochenende abzuwickeln, denn Recherchen, Begehungen, Planung und schließlich die Ausführung brauchen Zeit.

Vom Budget gesteuert

Wer kann schon nach Belieben planen? Man kann zwar von einer idealen Lösung träumen, aber in der Realität bestimmt der Geldbeutel, was verwirklicht werden kann. Entwurfs- und Budgetplanung gehen Hand in Hand und sind gleich zu Beginn des Bauvorhabens zu berücksichtigen. Es ist wichtig, den zur Verfügung stehenden Etat richtig einzuschätzen. Je größer und aufwändiger ein Projekt ist, desto teurer wird es – eine zwar logische, aber oft ignorierte Tatsache. Bei größeren Anlagen kann ein Landschaftsarchitekt nicht nur bei der Planung und Interpretation von Gestaltungswünschen, sondern auch bei der Einholung von Angeboten und bei der Projektsteuerung behilflich sein.

Pflaster besteht aus mehreren Komponenten, die in der Regel alle einzeln berechnet werden und erst in der Addition einen Gesamtpreis ergeben:

- Die Decke (sichtbarer Pflasterbelag) wird als getrennter Preis zum Ober-, Unterbau und Aushub angegeben.
- Einfassungen werden extra berechnet.
- Die Kosten der Geländevorbereitung und der Abtransport von Aushubmaterial sind zu bedenken.
- Bei der Einholung von Angeboten ist es wichtig, dass alle Nebenarbeiten im Preis inbegriffen sind.

Viele Kosten werden als Nettopreis angegeben – vergessen Sie nicht, die Umsatzsteuer dazuzurechnen. Bedenken Sie dabei, dass das billigste Angebot nicht unbedingt das Beste ist. Lassen Sie sich auch von der Qualität der Arbeit und ihrer Dauerhaftigkeit leiten. Änderungen während der Ausführung werden teuer, erhöhen den Endpreis und verlängern die Bauzeit. Ein wichtiger Faktor ist die zu erwartende Lebensdauer und der geschätzte Pflegeaufwand der Deckschicht verglichen mit den Investitionskosten. Ein teures Pflaster wie Naturstein oder Klinker behält seinen Wert und erfüllt seine Funktion auch noch nach Jahrhunderten, während Holz vergänglich ist und selten länger als zehn bis fünfzehn Jahre hält. Diese Gegenüberstellung von Ausführungskosten, Lebensdauer und Pflegeaufwand ergibt ein ganz anderes Preis-Leistungs-Verhältnis, als nur von den Materialkosten auszugehen. Die Wertsteigerung von Immobilien durch einen guten Bodenbelag ist ebenfalls nicht zu unterschätzen, er kann in manchen Fällen der entscheidende Faktor zum Kauf sein.

Bei den wechselnden Preisen ist es schwierig, Einheitspreise für die verschiedenen Beläge zu nennen. Die folgende Auflistung, gestaffelt von preiswert bis teuer, kann nur als Richtlinie dienen:

- Erdwege
- Rasenwege
- Holzhäcksel
- Holzrost
- Wassergebundene Decke
- Kies (Natursteinkies aber nicht Carrara und Sonderarten)
- Betongartenplatten
- Betonpflaster
- Glaskies
- Holzdecken
- Klinkerpflaster
- Großformatige Betonplatten
- Natursteinplatten (sehr große Spannweite beim Preis je nach Gesteinsart)
- Natursteinpflaster (Großstein, Kleinstein, Mosaikstein)

Genauso wie nicht jeder Beton billig ist, sind nicht alle Natursteine teuer. Restposten gibt es oft zu Sonderpreisen, und versierte Fachleute können günstige Alternativen empfehlen. Vieles hängt natürlich von den Mengen ab. Oft wird viel Geld für unnötige Überdimensionierung und aufwändige Ornamentik verschwendet. So verführerisch es auch ist, man sollte gut und lange überlegen, ob die Pflasterung in eigener Regie ausgeführt werden soll. Auf den ersten Blick ist die Eigenleistung billig, rechnet man aber Material, notwendiges Werkzeug und die tatsächlich geleisteten Arbeitsstunden hinzu, kommt man auf eine beträchtliche Summe.

Regionale Identität und Stil

Früher war es keine Frage, welches Material verwendet wurde. Man nahm das, was vor Ort am einfachsten zu bekommen war: entweder Steine, aufgelesen vom Feld oder Strand, vom benachbarten Steinbruch oder von der örtlichen Ziegelei. So entstand das ortsspezifische Bild, das zur Identität jeder Stadt oder Landschaft beigetragen hat. Doch nicht nur das Material, sondern auch die handwerklichen Kenntnisse waren für das Erscheinungsbild maßgebend. Die ortsansässigen Handwerker vom Maurer bis zum Pflasterer waren vertraut mit »ihrem« Material, übertrugen die Kenntnisse von Generation zu Generation und legten so das Fundament für unsere Baukultur. Auf diese Weise entstanden die meisten wunderschönen befestigten Flächen, die wir noch heute so bewundern.

Lassen Sie sich bei der Materialwahl von örtlich vorkommenden Bodenbelägen leiten. Gibt es in der Region eine ausgeprägte Pflasterkultur, wie etwa in den Klinkerhochburgen Norddeutschlands mit ihren vielseitigen Pflasterziegelverbandsarten oder in Berlin und München in Form ausgereifter Natursteinpflasterungen, so kann man sie in den Garten übertragen. Diese Nord-Süd-Verteilung – abgesehen von einigen Ausnahmen wie Landshut, eine Klinkerinsel im natursteingeprägten Bayern – mit Backstein im Norden und Naturstein im Süden, prägt nach wie vor das Landschafts- und Stadtbild Deutschlands. Leider droht die Gefahr, dass dieser ortsspezifische Charakter verwischt.

Bei der Materialwahl spielt auch der räumliche Kontext eine Rolle. Es ist zwischen ländlichen, städtischen und innerstädtischen Lagen zu unterscheiden. Einerseits geht es dabei um unterschiedliche Dimensionen, andererseits

Im Winter wird die Struktur des Gartens ersichtlich. Befestigte Flächen, hier Rockingstone »Yorkstone«, gewinnen dann an Bedeutung und sorgen für Farbe und Form.

Der Jugendstil des Hauses spiegelt sich wie selbstverständlich im Garten. Hell-Dunkel-Motive aus Granit-Kleinsteinpflaster und Einlagen aus Carrara-Marmor lassen die Terrasse größer erscheinen.

sind die angrenzenden Bereiche von entscheidend verschiedenem Charakter. Lockere, natürliche oder traditionelle Beläge passen in eine ländliche Umgebung, während sich präzise, edle Baustoffe für innerstädtische Orte eignen. Zwischen der dicht bebauten Innenstadt und dem weitläufigen Land liegt der Speckgürtel mit Wohnhäusern aller Größenordnungen. Da dort der ortsspezifische Charakter nicht sehr stark ausgeprägt ist, sondern eine eigene Welt im Garten geschaffen wird, ist die Architektur des Hauses entscheidend für die Wahl der Materialien.

Die Umgebung und das Wohnhaus

In den zuletztgenannten Bereichen sollte man den Garten stets in Zusammenhang mit der Architektur des Hauses und der unmittelbaren Umgebung sehen: Architektur und Garten sollten eine Einheit bilden. Bodenbeläge sind allein aufgrund ihres erheblichen Flächenanteils wichtige Stimmungsträger eines Gartens. Nichts, nicht einmal ein Dschungel von Grünpflanzen, kann einen misslungenen Belag kaschieren, zumal er während der Wintermonate völlig bloßgestellt wird.

Der Trend zu Glasfassaden und offenen Räumen macht es umso wichtiger, dass der Garten auf das Haus abgestimmt ist. Dieses Thema habe ich in meinem Buch »Garten-Perspektiven« ausführlich behandelt. Wichtig dabei ist, die Blickbeziehung vom Innenraum in den Garten und umgekehrt, vom Garten auf das Haus, in den Gestaltungsprozess einzubeziehen. Der Bodenbelag im Bereich des Hauseingangs, der Traufe oder der Terrasse bildet den Sockel des Hauses und muss zum Baumaterial des Gebäudes passen. Einfache gestalterische Leitlinien helfen bei der Gestaltung dieser Flächen:

- Ist die Fassade aufwändig, sollte der Belag schlicht sein.
- Wer das gleiche Material für Haus und Belag verwenden möchte, sollte vermeiden, dass beide Flächen direkt aneinanderstoßen. Eine neutrale, schmale Zwischenzone, wie etwa ein Streifen aus Kies oder Mosaiksteinpflaster, gibt den Flächen einen klaren Abschluss.
- Imitationen von rustikalen Belägen, ob aus Beton oder Pflasterziegel, sollten weder an historische, denkmalgeschützte Fassaden stoßen noch großflächig verwendet werden. Falls gespart werden muss, ist anzuraten, ein schmales Band eines historisch passenden Materials zusammen mit einer neutralen Kiesdecke zu pflastern.
- Kombinationen von alt und neu können spannend sein, gelingen aber nur, wenn sie von guten Architekten geplant und von Meistern ausgeführt werden.

Funktion und Größe

Befestigte Flächen müssen ihre Funktion erfüllen, eine entsprechende Größe aufweisen und fachgerecht ausgeführt sein. Auch wenn das umfangreiche Angebot und verlockende Beispiele dieses einfache Grundprinzip oft in den Hintergrund drängen, sollte man es sich als Leitmotiv einprägen. Von PKWs/LKWs befahrene Flächen stellen andere Ansprüche an das Material und den Ober- und Unterbau als Wege und Aufenthaltsflächen, die nur von Fußgängern genutzt werden. Die Nutzung entscheidet aber nicht nur über das Material, sondern auch über die Art des Verbands. Für befahrbare Flächen wird eine Belagsstärke von mindestens 8 cm verlangt, verlegt in einem Verband, der die Schubkräfte gleichmäßig verteilt. Kiesel- und Mosaiksteinpflaster sowie Kreuz-, Block- und Mittelsteinverband scheiden daher aus. Die Verwendung von ungeeignetem Material sieht man leider allzu oft – gebrochene Platten, Dellen und Verschiebungen im Verband oder übergroße und ungleichmäßige Fugen resultieren daraus.

Befestigte Flächen gliedern sich in drei Gruppen:

- Schwerer Verkehr: ständiges Befahren mit PKWs und LKWs, entspricht einer Straße
- Mittelschwerer Verkehr: Befahren mit PKWs, gelegentlich mit LKWs
- Leichter Verkehr: zeitweise mit PKWs befahren, ruhender und parkender Verkehr, Rad- und Gehwege

In der Regel werden Gärten als Zone mit leichtem oder mittelschwerem Verkehr eingestuft. Hausbesitzer mit großen schweren SUVs oder Autos mit Vierradantrieb sollten ihre Zufahrts- und Parkflächen entsprechend der mittelschweren Belastung ausführen. Stellplätze und Zufahrtsbereiche sollten nie zu knapp bemessen sein, aber auch nicht »Pflasterseen« gleichen. Größe und Proportion einer Fläche beeinflussen die Wahl des Bodenbelags. Organische, geschwungene Flächen verlangen andere Pflasterarten als strenge geometrische. Das Verhältnis zwischen der Größe des Pflas-

Im Sommer verlagert sich das Leben zunehmend in den Garten. Der Bodenbelag der Terrasse kann den wohnlichen Charakter unterstreichen und als Bindeglied zwischen Architektur und Garten wirken.

Oben: Der Belagswechsel signalisiert eine andere Nutzung. Altes Material wie gebrauchtes Natursteinpflaster kann durchaus auch modern wirken.

Rechte Seite: Lockeres Material wie Kies, eignet sich für geschwungene Formen, bei Pflastersteinen und Ziegel sind Rundungen und Kreise schwieriger. Eine gute Ausführung ist dabei entscheidend.

ters und der Fläche ist zu berücksichtigen. Kleine Flächen erscheinen größer, wenn sie mit kleinformatigem Material verlegt sind.

Bodenbeläge begutachten

Wie soll man sich anhand eines Mustersteins vorstellen, wie eine ganze Fläche wirken wird? Obwohl Abbildungen einen Eindruck des Belags und die Wirkung mit anderen gärtnerischen Elementen vermitteln, können sie nie das Begehen und Befahren einer Fläche ersetzen. Musterflächen und tatsächlich ausgeführte Flächen sind hierbei wichtige Entscheidungshilfen. Sehen Sie sich nicht nur Gärten an, sondern auch Parks, Plätze und Innenhöfe. Ebenso können Restaurantterrassen oder Vorplätze von Bürogebäuden Anregungen bieten. Wie befestigte Flächen wirken, hängt auch von der Tages- und Jahreszeit ab. Begutachten Sie deshalb beispielhafte Flächen mehrmals, und prüfen Sie dabei die Gehfreundlichkeit und die Standfestigkeit von Gartenmöbeln. Achten Sie auch auf die Wechselwirkung zwischen dem Bodenbelag, der Architektur des Hauses und der Pflanzung.

Von guten wie auch schlechten Beispielen kann man lernen. Nur wer die Augen offen hält und neugierig nach Inspirationen sucht, merkt den Unterschied zwischen einer guten Pflasterung, die »sitzt«, und einer misslungenen, die »kippt«. Die häufigsten gestalterischen Fehler sind:

- Weitläufige, komplizierte ornamentale Pflasterung ohne Bezug zur Umgebung
- Falscher Verband für die Steingröße und das Format, wie beispielsweise gesägtes, gleichgroßes Kleinsteinpflaster in Segmentbögen
- Falscher Verband für die Funktion wie Kreuzverband auf befahrbaren Flächen
- Bunte lebhafte Pflasterung zur kleinteiligen Prachtpflanzung
- Terrassen mit sorgfältig komponiertem Pflastermuster, verdeckt durch eine Übermöblierung mit Pflanztöpfen, Containern, Schirmen und Stühlen
- Plumpe, ungekonnte Übergänge von einem Belag zum anderem
- Pflasterbilder an versteckten Orten

Materialgerechte Gestaltung

Jeder Belag hat ein spezifisches Aussehen und einen unverwechselbaren Charakter. Grundsätzlich unterscheidet man zwischen lockerem

Altes Pflaster besitzt eine unverwechselbare Patina. Sonderformate wie diese schmalen Ziegel, verlegt in Fischgrätverband, haben Seltenheitswert.

Material wie Kies, Schotter, Sand und Häcksel, das flächendeckend aufgebracht wird, und regelmäßigen Formaten wie Natursteinpflaster, Klinker und Holz, die verlegt werden. Ihre Verlegeart ist auf erprobten und seit Jahrhunderten geltenden Prinzipien aufgebaut. Verwendete man früher automatisch das richtige Steinformat für einen bestimmten Verband, ist man heute experimentierfreudiger und orientiert sich weniger an Erfahrungswerten. Ob aus Unkenntnis oder künstlerischer Neugier, das Ergebnis ist meist unbefriedigend. Der größte Unfug wird mit Bogenpflaster getrieben. Schuppen- und Segmentbogenpflaster wurden zur Verlegung von trapezförmigem Kleinsteinpflaster entwickelt, das früher per Hand geschlagen wurde und deshalb Ungenauigkeiten innerhalb einer Größenklasse aufwies. Kein Stein war wie der andere. Für Reihenpflaster ungeeignet, ergeben die Steine in Bögen, mit der schmalen Seite nach innen verlegt, einen belastbaren Verband mit gleichgroßen Fugen. Versucht man aber, diesen Verband mit gleich großen Würfeln, egal ob aus Naturstein, Klinker oder Beton, auszuführen, fallen die breiten keilförmigen Fugen sofort auf. Der Verband ist kaum belastbar und widerspricht seiner Funktion.

Die Frage der Ausführung

Bodenbeläge wecken das Bedürfnis, selbst Hand anzulegen. Manche Arbeiten sind einfacher als andere. Trittplatten im Nutzgarten zu verlegen ist nicht vergleichbar mit dem Pflastern einer Terrasse oder Auffahrt. Es gibt einen guten Grund, warum der Garten- und Landschaftsbauer und der Pflasterer so lange bis zur Meisterprüfung brauchen. Auch wenn es inzwischen mehrere Bücher und Internetseiten zum Thema Pflaster gibt, ersetzen sie keine Ausbildung. Sie können nur einen Einblick in das Thema geben, und sie helfen, handwerkliche Fähigkeiten anderer einzuschätzen.

Wer einen Landschaftsarchitekten mit der Planung und Bauleitung beauftragt, kann davon ausgehen, dass dieser die Interessen seines Bauherrn vertritt und für eine fachmännische Ausführung sorgt. Sollten Sie Planung und Ausführung Straßen- oder Landschaftsbaufirmen überlassen, müssen Sie selbst als prüfender Bauleiter agieren. Gute, renommierte Firmen, egal ob Klein- oder Großbetriebe, arbeiten in ihrem eigenen Interesse sorgfältig. Sie betrachten die ausgeführte Arbeit als Werbung und hoffen auf Folgeaufträge – schlechte Leistungen sprechen sich schnell herum.

Seit einiger Zeit ist heftig umstritten, wer Pflasterarbeiten ausführen darf und in wessen Zuständigkeitsbereich sie liegen. Der Straßenbau, zu dem die Pflasterer gehören, und der Garten- und Landschaftsbau (Galabau) konkurrieren um das Pflastern. Bei der Frage, wer besser qualifiziert ist, empfiehlt es sich, vom Leistungsumfang und der Art des Pflasterns auszugehen. Vieles hängt ab vom Schwierigkeitsgrad des Pflasterns, den Materialkenntnissen und den Bezugsquellen. Lassen Sie sich Musterflächen und Mustersteine zeigen. Eine gute Firma wird stets geeignetes Material vorschlagen. Auf jeden Fall sollte man die Kompetenz einer Firma prüfen – nicht nur anhand von Fotografien oder Webseiten, sondern an fertigen Flächen. Bei Bedarf, vor allem für Natursteinverbände wie Schuppenbogen- oder Passéepflaster mit hohem Schwierigkeitsgrad, sollten Sie die Verlegung von Musterflächen fordern. Fragen Sie, ob die Arbeit an einen Subunternehmer vergeben wird, und prüfen Sie, ob die Leistungen den Qualitätsanforderungen entsprechen. Bevorzugen Sie Firmen, die Mitglied im Fachverband Straßenbau oder Galabau sind. Denn das Wichtigste ist, dass die Kunst des Pflasterns erhalten bleibt und nicht durch laienhafte Ausführung zu schlechtem Ruf kommt.

Ausmaß des Projekts

Zu Beginn eines Projekts unterscheidet man zwischen der Ergänzung oder Erneuerung einer bestehenden Fläche oder einer Neugestaltung. Egal wie klein oder groß ein Projekt ist, alles gehört gründlich überlegt. Auf keinen Fall sollte man auf gut Glück lospflastern. Je nach Größenordnung des Bauvorhabens spielen auch andere Faktoren eine entscheidende und oft bestimmende Rolle. Soll eine bestehende Fläche, eine Terrasse oder ein Weg, erweitert oder verbreitert werden, entscheidet das vorhandene Material über den zu ergänzenden Belag. Statt das gleiche Material zu verwenden, ist es in einem solchen Fall oft besser, einen rahmenartigen Saum in einem ähnlichen oder andersfarbigen und vom Format abgesetzten Belag auszuführen. Es sei denn, man hat noch ausreichend Pflastermaterial gelagert, was jedoch selten der Fall ist. Die Chancen, das gleiche Material zu finden, sind gering. Die Erneuerung einer Fläche erlaubt die freie Auswahl an Belägen. Lediglich der Zustand des Unterbaus sollte geprüft, gegebenenfalls ergänzt oder neu ausgeführt werden. Vorhandene Einrichtungen und Pflanzen können die Lage oder den Verlauf einer befestigten Fläche bestimmen. Ein mächtiger Baum kann Anlass sein, einen Weg neu zu platzieren, eine Hecke kann die Konturen einer Terrasse definieren. Nur Neubauten auf freiem Feld erlauben, nach Lust und Laune zu planen, da alles neu angelegt wird.

Alt- oder Neuware?

Gebrauchte Natursteine, Klinker und Ziegel bringen Atmosphäre in den Garten. Viele historische Formen wie Bischofsmützen, Wiener
Würfel oder Riegelziegel haben Seltenheitswert und sind inzwischen nur noch über den Spezialhandel oder in abgelegenen Orten erhältlich. Wer das Glück hat, altes Pflaster vorzufinden, sollte es unbedingt wiederverwenden. Gerade bei Altbauten fügt sich gebrauchtes Pflaster optimal in das Gesamtbild ein und vermittelt Geschichte und Tradition. Altware unterscheidet sich nicht nur im Format, sondern auch im Gesteinsmaterial von Neuware. Für die Denkmalpflege ist altes Pflaster unumgänglich. Da viele alte Steinbrüche geschlossen sind, sind manche Gesteine nur noch gebraucht und dadurch sehr selten erhältlich. Solche historischen Pflaster zu finden ist schwierig.

Versickerung und Versiegelung

Trockene begehbare Flächen zu gewährleisten, zählt zu den wichtigsten Anforderungen an Bodenbeläge. Stehendes Wasser und Pfützen sind nicht wünschenswert. Fachgerecht ausgeführte befestigte Flächen führen das Oberflächenwasser durch Gefälle, über die Fugen oder zwischen dem Material schnell ab. Ziel ist es, das Wasser wieder dem Wasserkreislauf zurückzuführen und nicht etwa das Abwasserleitungssystem zu überfordern. Viele Städte und Gemeinden in Deutschland verlangen die Verwendung von versickerungsfähigen Bodenbelägen, verlegt auf wasserdurchlässigem Oberbau statt auf Beton mit geschlossenen Mörtelfugen. Gerade die zunehmende Versiegelung von Flächen macht solche Maßnahmen absolut notwendig, um Probleme mit dem Wasserhaushalt zu vermeiden. In Großbritannien sind die Konsequenzen unkontrollierter Flächenversieglung und einer Vorliebe für Asphalt, der das Abführen von Oberflächenwasser in die Kanalisation nötig macht, deutlich zu sehen: Überflutungen und Hochwasser sind dort an der Tagesordnung.

Neben den bekannten versickerungsfreundlichen Belägen wie Kies, Naturstein-, Klinker-, Ziegel- und Betonpflaster bietet die Betonindustrie ein ständig erweitertes Angebot an Spezialprodukten an. Bei dichtem Material wie Naturstein und Klinker versickert das Regen- oder Schmelzwasser ausschließlich über die Fugen. Von jeder Form von Pflasterversiegelung ist Abstand zu nehmen. Alle Versuche, Pflasterflächen vor Witterungseinflüssen oder Alterung zu schützen und das Gestein rein zu halten, widersprechen der Natur des Materials und beeinträchtigen die Sickerfähigkeit. Eine glänzende Schutzschicht verfremdet und entwertet das Pflaster. Abnutzungserscheinungen und Patina sind Teil des unverwechselbaren,

Bei Nässe bekommt Naturstein eine besondere Ausstrahlung, die hier die Eleganz der in Kreuzverband verlegten Natursteinplatten betont.

Naturstein – klassisch, vielseitig und begehrt

Gestaltung mit Naturstein: Kalksteinplatten als schmaler Weg und Einfassung.

Rechte Seite: Kilkenny Kalkstein aus Irland mit geflammter Oberfläche im Wassergarten.

Welcher andere Bodenbelag ist so vielseitig, beständig und doch modern, setzt Trends, pflegt Traditionen und ist anpassungsfähig? Naturstein ist ein Dauerbrenner. Lange als Luxusware gesehen, kommt Natursteinpflaster heute in vielen Bereichen zum Einsatz. Die Auswahl an Formaten und Gesteinsarten ist groß und die Variationen der Verlegearten und der Verwendungsmöglichkeiten vielseitig.

Natursteinbeläge haben im Garten eine reiche Vergangenheit. Je nach Zeit und Kultur wurde das Material unterschiedlich eingesetzt, vom Zyklopenpflaster der Römer zur Kunst des Natursteinpflasterns der Gründerzeit bis zu den klarlinigen sachlichen Belägen von heute. Diese Beispiele bieten interessante und anregende Ideen. Natursteinprodukte gibt es mittlerweile für jeden Geschmack und Geldbeutel, das Angebot umfasst exklusive bis preisgünstige Gesteine wie edle Plattenbeläge, zweckmäßiges Natursteinpflaster, schlichten Kies oder kunstvolle Kieselsteinpflaster. Kein anderer Werkstoff, der sich als Bodenbelag für den Garten eignet, fügt sich so gut in seine Umgebung ein wie Naturstein. Natursteinflächen zeichnen sich vor allem durch ihre Lebendigkeit aus: Je nach Witterung, Tageslicht und Alter verändern Natursteine ihr Aussehen. Sie glänzen bei Nässe, wirken stumpf bei Sonnenschein, strahlen im Winter Kälte und im Sommer Wärme aus.

Durch die gekonnte Abfolge von verschiedenen Natursteinformaten erhält der Weg einen hohen ästhetischen Wert, völlig im Einklang mit dem Gartenstil.

Eine kleine Natursteinkunde

Bei der Auswahl von Naturstein kann man nicht allein von der Farbe ausgehen. Gerade bei einem Naturprodukt spielen Aspekte wie die Oberflächengestaltung und die Dauerhaftigkeit eine Rolle. Nicht jeder im Baustoffhandel ausgestellte Naturstein ist für die Verwendung im Freien geeignet oder als Platten- oder Pflasterstein lieferbar. Gesteine, die noch vor 10 Jahren angeboten wurden, sind nicht unbedingt noch erhältlich. Heute gibt es nur noch einen Bruchteil des Angebots von vor 100 Jahren. Viele Gesteinsadern sind erschöpft, und zahlreiche deutsche Steinbrüche sowie die angrenzender Länder liegen brach. Sie wurden aus wirtschaftlichen Gründen geschlossen, weil der Gesteinsabbau zu kostspielig wurde und nicht mit dem Preis von importiertem Material aus Übersee konkurrieren konnte. Andere Steinbrüche wiederum haben keine weitere Abbaugenehmigung erhalten.

Seit einigen Jahren überflutet neue, billige Importware, vor allem aus China, den Markt, der für den Kunden nur noch schwer zu überschauen ist. Bei Naturstein kann man sich nicht nur vom Preis steuern lassen. Wichtig ist ein guter Steinlieferant oder Gartenbaustoffhandel. Er kann geeignetes Gestein vorschlagen, Alternativen anbieten und über Sonderangebote informieren. Die Gesteinsnamen, die im Handel und auf der Baustelle verwendet werden, stimmen nicht immer mit den wissenschaftlichen oder offiziellen Namen überein und führen leicht zu Verwirrungen. Die Bezeichnungen Granit, Marmor und Gneis werden beispielsweise sehr oft verwendet, auch wenn es sich mineralogisch um ein anderes Gestein handelt.

In der nachfolgenden kurzen Natursteinkunde liegt der Schwerpunkt auf den Handelsnamen. Sie dient nur als Anhaltspunkt. Für ausführliche Informationen empfehle ich Naturstein-Fachbücher wie das »Naturstein-Lexikon« von Germann, Kownatzki und Mehling. Die Autoren erklären detailliert die Entstehung, Zusammensetzung und Vorkommen der verschiedenen Gesteinsarten.

Bei der Auswahl von Platten und Pflaster sollte man folgende Punkte berücksichtigen:

- Die Funktion der Fläche, die zu pflastern ist: Gesteine für den Innenbereich eignen sich nicht zwangsläufig auch für die Verwendung im Freien. Unerfahrene Hausbesitzer versuchen immer wieder, dünne Natursteinplatten, die eigentlich für Küche oder Bad gedacht sind, als Terrassenbelag zu verwenden. Solche Platten besitzen weder die erforderliche Dicke, Griffigkeit und Witterungsbeständigkeit noch die nötige Belastungsfähigkeit.

- Die erhältlichen Stein- oder Pflasterformate: Nicht jedes Gestein ist in allen Formaten erhältlich. Manche, so zum Beispiel Porphyr, gibt es nur als Klein- oder Mosaikpflaster, nicht aber als Großsteinpflaster.
- Die Frostbeständigkeit des Gesteins: Berücksichtigen Sie regionale Wetterunterschiede, vor allem die Stärke der Bodenfröste, bei der Auswahl des Materials. Im Zweifelsfall fragen Sie nach dem Materialprüfungszeugnis.
- Fast alle Natursteine dunkeln mit der Zeit nach, ein natürlicher Prozess, den Verwitterung und Abnutzung, insbesondere das Befahren mit gummibereiften Fahrzeugen, verursachen.
- Der Preis hängt von der Gewinnung, der Verarbeitung und der verfügbaren Menge des Materials ab – je aufwändiger die Verarbeitung, desto teurer der Stein.
- Wer den Kauf von Naturstein ernst nimmt, sollte stets den Unterschied zwischen dem Musterstein und dem tatsächlich gelieferten Material bedenken. Kommt das Gestein aus Europa, sind Reklamationen möglich, und das Material kann innerhalb von Wochen oder sogar Tagen ausgetauscht werden. Steine, die einen langen Seeweg hinter sich haben, lassen sich nur schwer ersetzen. Bis die Neuware kommt, können Monate vergehen. Vor allem bei Großprojekten, die einem gewissen Zeitdruck unterliegen, muss man sich meist mit dem Gelieferten zufrieden geben.
- Es zahlt sich aus, das Gestein von einem etablierten Fachhandel zu erwerben und sich von Handwerkern beraten zu lassen, die tagtäglich mit dem Werkstoff arbeiten.

Als Naturprodukt ist jeder Stein ein Unikat. Zwei Steine können sich vielleicht ähneln, doch auch wenn sie aus derselben Felswand stammen, sind leichte optische Unterschiede in der Farbe, Textur und Struktur erkennbar. Laut DIN 18332 Naturwerksteinarbeiten sind Schwankungen bis zu einem gewissen Grad zulässig. Die alte DIN 18502 Pflastersteine-Natursteine unterschied die Steine je nach Farb- und Größenabweichungen in zwei Güteklassen: Güteklasse I, sortiert mit geringen Toleranzen, und Güteklasse II, unsortiert mit großen Abweichungen. Dementsprechend ist sortierte Ware teurer als unsortierte.

Graues und gelbes Granit-Kleinsteinpflaster aus dem Bayerischen Wald, verlegt in Reihen mit rotem Granit aus Tschechien.

Granitplatten aus verschiedenen Steinbrüchen aus dem Bayerischen Wald (Lohwiese, Fürstenstein, Stiegauer), unterteilt mit gemischtem Granit-Kleinsteinpflaster.

Granit bietet die größte und vielfältigste Auswahl an Platten und Pflastersteinen. Er ist das bekannteste und häufigste Tiefengestein, die Grundmasse vieler Gebirge. Granit wird häufig mit Grautönen assoziiert, ist jedoch in fast jeder Farbe von Dunkelrot bis Gelb und in jeglichen Zwischenschattierungen wie Blau- und Grüntönen und sogar in Beige erhältlich. Granite in ausgefallenen Farben zählen eher zu den Exoten. Diese sind in kleinen Mengen erhältlich, sind entsprechend teuer und eher für Küchen und Badezimmer gedacht. Seit einigen Jahren wird chinesischer Granit in

Muster- und Materialmix (von links nach rechts): Granit Doppelstein-Großsteinpflaster, ein historisches Format, zwei Reihen Grauwacke-Kleinsteinpflaster, Porphyr-Kleinsteinstreifen in Segmentbögen, Grauwacke-Kleinsteinpflaster in Segmentbögen.

Halbschuppenbordüre in Basalt-Kleinsteinpflaster, eingerahmt von einer Kleinsteinzeile aus Carrara-Marmor und umgeben von Granit-Kleinsteinpflaster.

Rechte Seite: Rotbräunliches Porphyr-Kleinsteinpflaster in Segmentbögen verlegt. Bei Porphyr ist darauf zu achten, dass nur garantiert frostsicheres Material zum Einsatz kommt.

verschiedenen Farben, meist Hellbeige, lachsstichig, als Platten- und Pflasterware angeboten. Da das Material aus einem anderen geographischen Raum stammt, wirken die Farben etwas fremdländisch in unseren europäischen Gärten.

Die Körnung prägt neben der Farbe auch die Optik des Steins. Je nach Korngröße von 1 bis 10 mm unterscheidet man zwischen fein-, mittel- und grobkörnigem Granit. Granit ist in allen Größen und auch als Kies erhältlich, ist unbeschränkt witterungsbeständig, dauerhaft und eignet sich hervorragend als befahrbarer Bodenbelag für Gärten. Die Abbaugebiete in Deutschland beschränken sich auf den Harz, den Schwarzwald, das Fichtelgebirge, den Odenwald und den Bayerischen Wald. Granit ist oft nach dem Steinbruch benannt, in dem er abgebaut wird, wie beispielsweise Fürstenstein (blaugrauer, stark gesprenkelter Granit). Erwähnenswerte Granite aus dem europäischen Ausland sind skandinavische Granite wie Bohus, von kräftigem Rot bis zu reinem Grau, oder feinkörniger grauer Kuru Grey sowie portugiesische Granite.

Eine gute Anlaufstelle für Granitfans ist das neue Granitmuseum in Hauzenberg im Bayerischen Wald. Es wurde 2005 eröffnet und bietet einen interessanten Einblick in die Welt dieses Gesteins.

Syenit und Diorit sind Tiefengesteine, die oft als Granite angeboten und aufgrund ihrer Ähnlichkeit häufig miteinander verwechselt werden. Ihre Verwendung gleicht der von Granit. Sie sind primär durch die Farbe zu unterscheiden: Syenit ist hellrot, rotbraun, auch grau, rosa bis rötlich. Diorit ist dunkelgrün, oft schwarz. Beide Gesteinsarten werden relativ selten angeboten. Diorit wurde bis zur Mitte des 20. Jahrhunderts viel im Bayerischen Wald und dem Odenwald abgebaut. Heute ist er primär als Gebrauchtware in Form von Groß-, Klein- und Mosaiksteinpflaster erhältlich.

Basalt ist die größte Gruppe innerhalb der Ergussgesteine. Die Grundstoffe sind unter anderem Amphibol, Plagioklas, Olivin, Eisenerz, Titanit, Biotit und Ilmenit. Sie geben Basalt seine Dichte, Feinkörnigkeit und Härte wie auch das schwarze bis schwarzgraue Aussehen. Bei starker Sonneneinstrahlung kann Basalt jedoch leicht fleckig werden und splittern, weshalb er hauptsächlich in kleineren Formaten geliefert wird. Ende des 19. und Anfang des 20. Jahrhunderts wurde Basalt häufig im Straßenbau und als Zierpflaster verwendet. Nachdem er im öffentlichen Raum lange Zeit wegen Rutschgefahr aufgrund seiner glatten Oberfläche abgelehnt wurde, bietet ihn der Handel vermehrt als Klein- und Mosaikstein sowie als Plattenbelag (mit behandelter Oberfläche) an.

Diabas oder Melaphyr ist ein Basalt, der durch Alterung, das heißt chemische Verwitterung, vergrünt ist. Er ist unter vielen anderen Namen bekannt, nicht zuletzt als Grünstein. Außerhalb Deutschlands versteht man unter Diabas ein anderes Gestein. Deshalb wird angeregt, diese Bezeichnung ebenso wie die von Melaphyr nicht mehr zu verwenden und das Gestein als Basalt zu führen. Diabas bildet eine Gruppe von Steinen innerhalb der Magmagesteine, die alle ähnliche Charakteristika aufweisen. Die Korngröße ist sehr unterschiedlich, sie reicht von fein- bis grobkörnig. Die Steine haben eine sehr hohe Druckfestigkeit. Die Farbskala reicht von graugrünlich bis zu dunklem Blaugrün. Diabas gibt es als Platten, Klein- und Mosaikstein und als dunkelgrünen Zierkies.

Andesit entspricht in der Zusammensetzung einem Diorit. Die Farbe hängt vom Verwitterungsgrad ab und reicht von schwarz über grün bis hin zu rot und rostfarben. Das schwarze Gestein, erhältlich als Platten- und Bahnenware, wird oft als Alternative zum Basalt angeboten. Andesit kommt in Deutschland in der Eifel, im Siebengebirge und im Saar-Nahe-Gebiet vor.

Oben: Eine Mosaikstein-pflaster-Materialschau verlegt mit Reststeinen eines aufwändigen Ornament-pflasters – dunkler, matter Basalt, Granit in verschiedenen Grautönen, rotbrauner Sandstein und violetter Porphyr. Unten: Handbearbeitetes historisches Kalkstein-Großpflaster in Reihen verlegt.

Porphyr oder Rhyolith ist der handelsübliche Name für eine Gruppe von Steinen (unter anderem Quarzporphyr), die häufig als Bodenbelag im Garten verwendet werden. Diese dichten bis porösen Ergussgesteine reichen in der Farbskala je nach Vorkommen von weiß über gelblich bis rötlich und rot, seltener bis grau oder grünlich. Es sind hauptsächlich die roten oder rotbraunen Gesteine, die Verwendung finden. Die Qualität des Gesteins ist von Abbaugebiet zu Abbaugebiet unterschiedlich. In der Regel ist Porphyrgestein aus tiefen Lagen frostsicher, während an der Oberfläche abgebauter Porphyr nicht garantiert frostbeständig ist. Abblättern und Risse sind Zeichen von nicht frostsicherem Material. Ein Nachweis über die Frostbeständigkeit ist auf jeden Fall vom Lieferanten oder vom Steinbruch zu fordern. Das Gestein ist in Form von Platten, Kleinstein- und Mosaikstein sowie als Zierkies erhältlich.

Trachyt ist ein dichtes, häufig poriges oder tuffiges Ergussgestein in hellen Farben, gelblich, braun bis rötlich, selten ganz weiß. Angeboten wird es in Form von Pflastersteinen und Platten, vor allem aus Abbaugebieten in Italien, ist aber nicht in allen Steinhandlungen erhältlich. Der Name Trachyt (auf griechisch »rau«) deutet auf die leicht raue Oberfläche hin. Trachyt wird oft mit Porphyr verwechselt.

Sandsteine bilden eine große Gruppe von Sedimentgesteinen mit Korngrößen von 0,03 bis 3 mm, die unterschiedlich entstanden sind, verschiedene geologische Zuordnung haben und je nach Abbaugebiet anders aussehen. Viele sind witterungsbeständig, andere weniger. Daher empfiehlt es sich, sich genau über die Härte des Gesteins zu informieren. Im Grunde kann man davon ausgehen, dass im Handel angebotene Ware den Voraussetzungen für die Verwendung im Freien entspricht. Ein frost- und tausalzbeständiges Material ist zum Beispiel der grau bis beigebraun gemaserte Ruhrsandstein sowie der in Rot und Graubunt erhältliche Karlshofer Weserhartsandstein. Der Seeberger Sandstein, abgebaut bei Thüringen, ist fest, feinkörnig und von hell- bis honiggelber Farbe. Die Farbskala von Sandsteinen ist vielfältig und reicht je nach Steinbruch von hellbeige, graugelblich bis hin zu rötlichen und grünlichen Steinen. Je nach Sorte sind sie als Platten-, Großstein-, Kleinstein- und Mosaiksteinpflaster erhältlich.

Grauwacke ist eine Sonderausbildung von Sandstein und wird hauptsächlich in Gebieten mit wenig oder schwachem Bodenfrost verwendet. Im Vergleich zu anderen Sedimentgesteinen besitzt Grauwacke eine relativ hohe Druckfestigkeit. Der Abbau sowie das Spalten in regelmäßige Blöcke sind verhältnismäßig leicht durchzuführen. Die Farben dieses feinkörnigen Gesteins reichen von gelblichgrau bis beige. Grauwacke wird hauptsächlich als Kleinstein- und Mosaiksteinpflaster verarbeitet. Oft in historischen Pflasterungen Anfang des 20. Jahrhunderts als helle Zierbänder in Mosaiksteinpflaster verwendet, werden heute eher dunkle Steine wie die blaugraue, auch grünliche Oberbergische Grauwacke angeboten.

Kalkstein und Marmor finden hauptsächlich in der Architektur und im Innenausbau Verwendung. Doch einzelne Sorten dieses Sedimentgesteins eignen sich auch für den Außenraum. Die Farben der im Handel angebotenen Kalksteinplatten, Groß-, Klein- und Mosaiksteinpflaster, reichen von dunkelblaugrau bis hin zu hellem Weißbeige. Da Kalkstein witterungsanfällig ist, ist dichtes, nicht klüftiges Material stets porösem vorzuziehen. Gerade bei Kalkstein ist es wichtig, das Material vom Fachhandel zu erwerben. Bekannte Vorkommen in Deutschland sind der hellbeige Jura-Kalkstein, nach dem Abbaugebiet auch Treuchtlinger Marmor genannt, und der graubläuliche Oberdorlaer Muschelkalk, ein beständiger, frostsicherer Stein aus Thüringen.

Marmor ist ein kristalliner Kalkstein, der als Gartenbelag nur gezielt als Ornament und Zierde eingesetzt wird, meistens in Kombination mit anderem Gestein. Die kommerzielle Bezeichnung von Marmor ist sehr breit gefächert und nur wenige Sorten erfüllen die Voraussetzung für eine Verwendung im Freien. Diese sind besonders engporig und daher frostbeständig. Je nach Mineralgehalt reichen die Farben des Marmors von grau, rötlich, grünlich bis hin zu schwarz und schneeweiß. Eine der berühmtesten weißen Marmorarten ist nach dem Abbaugebiet Carrara in Italien benannt und findet häufig im Ornamentpflaster als Klein- oder Mosaikstein Verwendung.

Andere Arten sind zum Beispiel der in Weiß und Grau erhältliche Astir aus Griechenland oder weißer Lasa aus Südtirol. Marmor wird zu Plattenware, Klein- und Mosaiksteinpflaster sowie zu Zierkies verarbeitet.

Travertin ist ein poröser Kalkstein, der in den 1970er-Jahren vielfach als Bodenbelag, für Mauerwerk sowie als Vorsatzstein auf Betonplatten im Gartenbau verwendet wurde. Seitdem ist das Gestein aus der Mode gekommen, erlebt aber aufgrund der Vorliebe für helle Gesteine eine Renaissance. Die Haltbarkeit hängt von der Struktur ab, die stark wechselnd und lebhaft ist sowie von dicht bis porös variiert. Das Gestein wird hauptsächlich als gesägte Platten für Terrassen, Wege und Mauern geliefert. Die Platten sind nur bedingt begeh-

Links: Bad Langensalza-Travertin im Römerverband verlegt. Unten: Ein Patchwork aus gebrauchtem Granitsteinpflaster, Würfeln, Doppelsteinen und Wienerwürfeln im Reihenverband.

Schiefer gibt es in vielen Formaten. Beim Kauf sollte man auf frostsicheres und witterungsbeständiges Material achten. Rechts: Schmale Schieferkiesel als nicht begehbares Zierpflaster; Links: Schieferdachziegel, hier als Einfassung eines Schieferplattenwegs; Unten: Schieferplatten, verlegt im Kreuzverband.

bar, nicht befahrbar. Die Farben sind je nach Abbaugebiet gelblich bis braun, bevorzugt werden jedoch die hellgräulich bis gelblichen Gesteine. Bekannte Vorkommen liegen in Bad Langensalza, Thüringen, in Cannstatt bei Stuttgart (Cannstatter Travertin) und Gauingen, ebenfalls in Baden-Württemberg.

Der Dolomit oder Dolomitstein ist ein Sedimentgestein mit Verwandtschaft zu Kalkstein, bestehend aus dem Mineral Dolomit. Der Name leitet sich ab von dem französischen Mineralogen Gratet de Dolomieu und nicht, wie oft gemeint, von dem Gebirge in Südtirol, den Dolomiten. Dolomit ist weiß, gelblich, braun, selten bläulich oder rötlich. Wie bei Travertin sind die hellen Farben am meisten gefragt. Im Gegensatz zu Kalkstein ist die sichtbare Textur des Gesteins feiner und zeigt selten Reste von Fossilien. Dolomit kommt in den oberbayerischen Alpen, in der Schwäbischen Alb, in Franken, in Hessen sowie in Österreich vor. Das Gestein ist härter, schwerer und witterungsbeständiger als Kalkstein und wird als Plattenware, Pflaster, Findlinge und Zier- und Gartenkies angeboten.

Schiefer ist eine volkstümliche Bezeichnung für dünnplattig ausgebildete, gerichtete Gesteine wie unter anderem Quarzit, Paragneis, Phyllit, Glimmerschiefer und Tonschiefer. Der Begriff bezieht sich auf die Spalteigenschaft. Die im Handel angebotenen Platten unter dem Oberbegriff Schiefer sind dauerhaft und witterungsbeständig und weisen eine leicht geriffelte Oberfläche auf. Das Material wird als Platten und als Schotter angeboten in Dunkel- bis Hellgrau, manchmal ins bläuliche oder dunkelgrünliche übergehend. Norwegen, Wales und Nordamerika sind Hauptliefergebiete des Materials.

Quarzit ist ein kristalliner Schiefer, der durch Metamorphose aus ehemaligen Sandsteinen entstanden ist. Nur glimmerreicher Quarzit (Glimmerquarzit) ist sehr gut spaltbar und kommt vor, wenn das Gestein abwechselnd aus Quarz- und Glimmeranlagen besteht. Er hat eine starke optische Wirkung und eine leicht wellige Oberfläche. Angeboten wird er in Form von bruchrauen Platten, meist in den Farben Weiß, Braungrau, Grau oder einem rötlichen Farbton. Quarzit ist trittfest und sehr witterungsbeständig. Bekannt ist das Rote Wasa aus Schweden, das als Pflasterstein erhältlich ist und der dunkelgrüngraue, silbrig schimmernde Alta Quarzit, den der Handel als spaltraue Plattenware anbietet.

Gneis wird im Handel zwar als eigenständiges Gestein geführt, doch der Name fasst eigentlich zwei nach ihrer Herkunft verschiedene, aber ähnlich aussehende Hartgesteine zusammen: Orthogneis und Paragneis. **Orthogneis** ist im Aussehen ähnlich wie Granit, jedoch leichter zu spalten. Die Farben reichen von rosa über grau, orange, braun bis schwarz, in allen Tönen und Kombinationen. Gneis gibt es hauptsächlich als Plattenware, auch im Großformat wie den Valser Gneis (Vals ist eine Gemeinde im Schweizer Kanton Graubünden), der den Bundesplatz in Bern bedeckt.

Paragneis ist ein sandiges, toniges Sedimentgestein, je nach Art des Ausgangsgesteins granitischer, quarzdioritischer und dioritischer Zusammensetzung, mit deutlicher Schicht-Struktur, das als Plattenware und Mosaikpflaster angeboten wird. Gneis wird häufig als Spaltgranit oder Quarzit bezeichnet oder einfach mit dem Namen der italienischen Abbaugebiete Beola und Magglia. Die Farben reichen von blau-grau gestreift bis gesprenkelt.

Steinformate – vom Kieselstein bis zum Pflaster

Die Verwandlung vom rustikalen Belag zu präzisen Formen liegt im neuen Umgang und im Verarbeitungsgrad des Materials. Dennoch ist die Verwendung von Naturstein im Garten nicht mit der im Innenbereich zu vergleichen. Es handelt sich um zwei grundverschiedene Einsatzbereiche.

Für die Verwendung im Garten wird das Naturprodukt lediglich gespalten und in Form gebracht. Die Oberfläche wird je nach Bedarf bearbeitet, keinesfalls aber imprägniert. Vorschläge, die Steinoberfläche mit Imprägnierung wie Fleckenstoppmitteln und Farbvertiefer zu behandeln, um die Verschmutzung der Steinoberfläche zu reduzieren und die Farben zu intensivieren, sollten kritisch gesehen werden. Sie gleichen Vandalismus und nehmen dem Gestein seine natürliche Wirkung. Wer auf so etwas Wert legt, dem ist besser geraten, einen anderen Werkstoff in Erwägung zu ziehen.

Steinformate im Vergleich: Kein anderer Gartenstil setzt Naturstein sensibler ein als japanische Gärten.

Natursteine für den Garten gliedern sich in zwei Gruppen: die kleinere Gruppe unbearbeiteten Steinmaterials wie Kiesel- und Bruchsteine, die im Originalformat verwendet werden, und die wesentlich größere Gruppe von Natursteinen, die im Steinbruch gewonnen und in entsprechende Größen gespaltet werden. Beide sind als Neu- und Gebrauchtware erhältlich. Bei der Reparatur und Instandsetzung historischer Pflasterungen sollte man nur gebrauchtes Material verwenden. Benutzung und Witterung haben die Steine abgeschliffen, und so besitzen sie die richtige Patina, um sich in die Anlage einzufügen und nicht hervorzustechen. Werkshöfe von Gemeinden und Städten sowie alteingesessene Pflasterfirmen sind wertvolle Bezugsquellen für gebrauchtes Material.

Rundsteine, Katzenkopf

Rundsteine, auch »Bummerl« genannt, sind aufgelesene Feldsteine mit dichten, glatten und matten Oberflächen mit einem Durchmesser von 150 bis 250 mm. Die kleinen, gräulichen, beigen oder bräunlichen Findlinge wurden durch Gletscher transportiert und abgelagert. Die Steine werden in ihrer Originalgröße einfach als Bodenbelag ins Erdreich gesetzt. Bis ins 19. Jahrhundert bedeckte diese gewölbte, bucklige, wild verlegte Oberfläche, die unbequem zu befahren und zu begehen war, Hauptstraßen und Plätze. Nur ausgewählte Steine wurden in Reihen, manchmal mit eingearbeiteten Mustern verlegt. Rundsteinpflaster besitzt eine ausgeprägte rustikale Note und kommt am besten in einer historischen Umgebung zur Geltung, zum Beispiel im Anschluss an ein Fachwerkhaus, als Hofpflasterung in einer volkstümlichen, ländlichen Gegend, in einem naturnahen Garten oder am Rand eines Teiches.

Kieselsteine haben eine haptische Anziehungskraft und jeder würde am liebsten selbst Hand anlegen. Die besten Kieselbilder sind oft die einfachsten, aus sorgfältig sortierten Steinen, auf denen je nach Sonneneinfall ein Spiel aus Licht und Schatten entsteht.

Kieselsteine

Viele Strände am Mittelmeer und Uferbänke von Flüssen, die den Alpen entspringen, sind aus Kieselsteinen geformt. Diese länglichen oder eierförmigen Steinchen wurden vom Wasser kilometerweit getragen und wie in einer Trommel gewaschen, gegeneinandergeschlagen und geschliffen, bis sie glatt waren. Strände und Flussbänke sind immer in Bewegung. Auch wenn es schwierig ist, sollte man der Versuchung widerstehen, diese Orte als Selbstbe-

Jedes Land hat seine eigene Pflasterkultur. Spanien ist für geometrische Bodenbeläge mit Hell-Dunkel-Kontrasten bekannt (oben), während es in China viele Ornamentpflaster mit Symbolgehalt gibt.

dienungsläden zu betrachten. Für Gärten verwendet man sortierte und meist gesäuberte, kommerziell abgebaute Kieselsteine, die in Kiesgruben schichtenweise vorkommen. Die Vorteile sortierten Materials sind einerseits ökologische Aspekte und andererseits die Vermeidung von unnötigen Überschusssteinen. Erhältlich in Durchmessern von 4 bis 15 cm, werden Kieselsteine derzeit unter den folgenden Handelsbezeichnungen angeboten:

■ Durchmesser 7 bis 15 cm

Bach-Bummerl:	graubunt; rund, glatt
Gletscher:	weiß-schwarz gesprenkelt; rund, glatt
Inn-Katzenkopf:	buntfarbig; rund, glatt
Quarz-Katzenkopf:	gelblichweiß; rund, glatt
Verde Nero:	grün-anthrazit; gerundet

■ Durchmesser 4 bis 10 cm

Kiesgrubensteine:	Mischfarben; gerundet

■ Durchmesser 4 bis 6 cm

Carrara:	weiß, zartgrau; rund, länglich, glatt
Diabas:	grün; gerundet
Feuerstein:	dunkelgrau; gerundet, länglich
Granit:	grau-weiß gesprenkelt, gerundet rot-weiß gesprenkelt; gerundet
Porphyr:	rotbraun; rund, glatt graubunt, violett; auch gespalten
Serpentin-Schotter:	grünschwarz; kantig

Kieselpflaster hat einen besonderen Reiz. Beinahe am eindrucksvollsten sind sorgfältige geometrische Muster unter Verwendung von rundlichen Kieseln, gegliedert durch hochkant gesetzte, dünne und längliche »Kieselblätter«. Bezaubernde Hell-Dunkel-Ornamentpflaster kennt man aus dem Mittelmeerraum – Kieselteppiche, die feinen Stickereien gleichen, mit allerlei Rauten, Kreisen, Ovalen und Sternen als Höhepunkt. Derartige Motive gaben Gassen und Treppenaufgängen eine persönliche Note. Solche Flächen eignen sich nur für Fußgänger, Radfahrer und Motorradverkehr, da sie dauerhaftem Autoverkehr nicht standhalten können.

Bei Kieselpflaster steht der Stein im Vordergrund – der Rhythmus, die Verteilung über die Fläche sowie der Schattenwurf der einzelnen Steine. Das Fugenbild tritt kaum in Erscheinung. Leicht aus dem Boden ragend, liegen die Steine eng an eng, längs oder hochkant wie Eier in einer Eierschachtel. Entscheidend sind die Bettung und Verfugung:

- Die traditionelle Methode, die Steine in einem 3 bis 4 cm starken Sandbett auf vorbereitete Tragschichten zu verlegen, hat sich über Jahrhunderte bewährt.
- Eine Alternative ist die Verlegung in einer Bettung aus einer Trockenmischung von Sand und Zement.
- So genannte Medaillons können auch vorgefertigt und als Ganzes oder bei größeren Kieselbildern in Teilen vor Ort eingebaut werden. Solche Flächen wirken oftmals starr. Es ist auf die Anbindung und Höhenabwicklung zu achten.
- Die inzwischen oft ausgeführte Verlegung in einem Mörtelbett mit Mörtelfugen hat sich als nur bedingt erfolgreich erwiesen. Oft dominiert das Fugenbild, die Steine scheinen in einem Mörtelmeer zu ertrinken, und die Schönheit des Kieselpflasters ist kaum erkennbar. Auch bilden sich bei starrer Verlegung leicht Risse.

Spaltsteine und Wackersteine

Der erste Schritt zur Bearbeitung der Steine und zur Verbesserung der Oberflächengestaltung war das Spalten von Kiesel- und Rundsteinen. Dadurch wurde es möglich, ebene, standsichere und gehfreundliche Flächen auszuführen. Eng an eng, mit der glatten, gespaltenen Fläche nach oben, wurden die Steine fest in eine Bettung gedrückt. Viele Markt- und Rathausplätze wurden so gepflastert. In Gärten findet man diese Pflasterung nicht so häufig vor, da das Material selten und nur in Altbeständen erhältlich ist. Eine interessante Alternative ist »antikisiertes« Wackerpflaster, bei dem man die spaltraue Oberfläche durch einen speziellen Arbeitsvorgang an altes Pflaster angleicht.

Wo und wie viel Ornamentik eingesetzt wird, ist entscheidend. Der reihenartige Kieselsteinbelag ist schlicht und setzt sich trotzdem ab.

Ein solch buntes Muster aus länglich gespaltenen Kieselsteinen gehört an eine prägnante Stelle.

Natursteinplatten

Es ist erstaunlich, wie groß und breit gefächert die Auswahl an Natursteinplatten für den Außenraum ist. Natursteinplatten können urig-rustikal, klassisch-elegant oder avantgardistisch-modern sein. Diese Fähigkeit, Stimmungen aufzunehmen, Gestaltungsstile zu unterstreichen und dabei zweckmäßig zu bleiben, ist einer der größten Vorteile von Natursteinplatten. Eine wesentliche Voraussetzung für die Verwendung von Platten im Freien ist die Trittsicherheit. Die Oberfläche darf weder so uneben sein, dass man stolpert, hängen bleibt oder dass sie unangenehm zu begehen ist, noch darf sie so glatt wie Eis sein. Während manche Gesteine von Natur aus eine dichte, ebene aber griffige Oberfläche besitzen, müssen andere nachbearbeitet werden. Ein Einblick in die Fachbegriffe ist hilfreich, um sich vorzustellen wie die bearbeiteten Platten aussehen, wo sie einzusetzen sind und um das Verhältnis zwischen Preis und Arbeitsaufwand zu verstehen.

Die ersten Platten, die in Gärten Verwendung fanden, waren bruchraue Platten oder Spaltplatten. Diese naturgespaltenen oder von Hand gespaltenen Platten kennzeichnen unregelmäßige Formen und Maße sowie unbearbeitete, oft geriffelte Oberflächen. Unebenheiten an der Oberfläche machen den Reiz des oft preisgünstigen Materials aus. Die Platten gibt es teilweise in solchen Dicken, dass sie ohne Oberbau verlegt werden können. Während sich diese Art von Platten aufgrund ihrer unebenen Oberfläche, auf der Gartenmöbel leicht wackeln, nicht als Terrassenbelag eignen, passen sie gut in eine ländliche Umgebung, ins Gebirge oder auch als Platz- oder Wegbefestigung in einen naturnahen Garten.

Regelmäßige, rechteckige, **gesägte Platten** bilden eine der größten Gruppen von Bodenbelägen, die im Garten, auf Balkonen und Dachterrassen eingesetzt werden. Im Gegensatz zu den Spaltplatten werden die gesägten Platten in regelmäßigen Stärken, Breiten und Längen aus mächtigen Kubikmeterblöcken maschinell gefertigt. Technische Fortschritte bei der Gewinnung und Verarbeitung von Naturstein ermöglichen die Produktion von regelmäßigen Platten – je nach Wunsch mit unterschiedlicher Oberflächenbearbeitung – zu einem Preis, der den mancher Betonplatten unterbietet. Laut der Definition in DIN 18332 gelten

Nicht nur aufgrund der vielen Gesteinsarten, auch wegen der zahlreichen Formate, Oberflächenbearbeitungen und Verlegearten kann Naturstein völlig verschieden wirken. Kombiniert man diese Möglichkeiten mit Bedacht, entstehen spannungsvolle Flächen.

Natursteinplattenbeläge im Vergleich: Lebhafte, rustikale Bruchsteinplatten vermitteln den Charakter eines Mittelmeergartens (links). Ein schlichter, gesägter Plattenweg begleitet die üppige Fülle englischer Blumenrabatten.

Naturwerksteine mit Dicken bis 80 mm als Platten. Ist der Stein stärker, gilt er als massives Werkstück. Die Mindestdicke von Platten, die auf Kies oder Splitt als Bodenbelag im Freien verlegt werden können, beträgt 30 mm. Dabei ist die erforderliche Dicke der Platte abhängig von der zu erwartenden Belastung, der Plattengröße sowie der Zusammensetzung des Gesteins. Nicht jede Gesteinsart ist in beliebiger Größe erhältlich.

Bei gesägten Platten ist zwischen einseitig gesägten, so genannten Krustenplatten, und zweiseitig gesägten zu unterscheiden. Aus den zweiseitig gesägten Platten entstehen die Form- und Bahnenplatten, die am häufigsten angeboten werden. Sondermaße sind bei der Abnahme von größeren Mengen oder für Prestigeprojekte auf Anfrage möglich. Formplatten haben regelmäßige Abmessungen, rechteckige oder quadratische Form, sind durch uniforme Breiten und Dicken bei unterschiedlichen Längen (Freilängen) gekennzeichnet und sind in der Regel teurer als Bahnenware. Die Bearbeitung der Plattenkanten wirkt sich auf das Aussehen der fertigen Fläche aus. Zu unterscheiden ist zwischen gebrochenen (unregelmäßigen), gesägten (regelmäßigen) und handgekanteten (besonderes fein, säuberlich und scharfgezogenen) Kanten.

Zur Auswahl stehen je nach Beschaffenheit des Gesteins unterschiedliche Oberflächenstrukturen, die die Griffigkeit der Platten erhöhen und die Struktur und Textur des Steins unterstreichen. Stark polierte Steine sind nicht nur gefährlich bei Nässe, sondern auch unpassend für den Garten. Die Oberflächenbearbeitung kann die Kosten erheblich erhöhen und ist mit Bedacht auszuwählen. Manche Bearbeitungsmethoden gelten auch für Betonplatten.
Bossierte Platten werden mit einem Bossiereisen auf Form und Maß bearbeitet, die Oberfläche wirkt plastisch, erscheint fast bruchrau und wild. Sie passen zu schattigen, schluchtartigen Umgebungen mit starker naturnaher Ausstrahlung. Bossieren ist eine der billigsten Bearbeitungsmethoden.
Gespitzte Platten bei denen die Oberfläche (Ansichtsfläche) mit einem achtkantigen (manchmal vierkantigen oder runden) Spitzeisen von 10 bis 22 mm Stahlstärke flach zugespitzt wird, wirken je nach Bearbeitungsgrad und Eisenstärke unterschiedlich. Gemeinsam ist ihnen, dass die Struktur des Steins erkenn-

bar bleibt. Die Platte ist durch die Unebenheiten griffig, aber nicht unbequem zu begehen. Grob gespitzte Platten sehen annähernd so aus wie Bruchsteinplatten, sind aber nicht so buckelig oder pockig wie bossierte Oberflächen. Fein- und mittelgespitzte Platten zeigen die Spuren der Bearbeitung und betonen die natürliche Struktur.

Gestockte Platten werden nach dem Grad der Bearbeitung differenziert, hauptsächlich in Mittel und Fein. Eine gestockte Oberfläche ist je nach Größe und Stärke des Stockhammers relief- bis waffelähnlich. Sie wirkt plastisch, aber nicht so grob wie bossierte Oberflächen. Die Bearbeitung macht die Struktur und Maserung des Gesteins deutlich und erhöht die Griffigkeit. Solche Platten sind besonders geeignet für Terrassen oder Bereiche mit direktem Anschluss an das Haus.

Das Riffeln ist eine Variation dieser Bearbeitungsmethode. Statt eines punktuellen Anschlags sind lineare, kurze Striche sichtbar, die eine geriffelte Wirkung haben. Automatische Stockmaschinen ermöglichen eine schnelle und kostengünstige Verarbeitung.

Sandgestrahlte Platten haben eine besonders feinkörnige, leicht aufgeraute Struktur. Je nach Größe der Partikel, die als Strahlmittel verwendet werden, erzeugen Druck und Aufprallwinkel unterschiedliche Oberflächen. Die Oberfläche wirkt flächig und matt. Feine sandgestrahlte Platten sind für den Garten nicht zu empfehlen.

Das Scharrieren ist eine feine und aufwändige Bearbeitungsart, geeignet für den vorderen Teil von Treppenauftritten. Sie wird vor Ort sorgfältig und gleichmäßig mit einem Scharriereisen auf den bereits verlegten Platten ausgeführt und erhöht die Griffigkeit, insbesondere bei Nässe. Das streifenartige, fein gerillte, in der Regel zwischen 3 bis 8 cm breite Band ist nicht nur zweckmäßig, sondern gliedert die Stufe auch optisch.

Verlegearten für Plattenbeläge

Bei der Wahl der Verlegeart für Platten ist das Maß und das Format der Platten sowie die Funktion und Lage der zu befestigenden Fläche entscheidend. Bruchraue Platten können nur in unregelmäßigen Verbänden verlegt werden, diese weisen ein lebhaftes Fugenbild und auslaufende Kanten auf. Wege aus Bruchplatten haben zwangsläufig unterschiedliche

Eine Auswahl der unterschiedlichen Oberflächenbearbeitungen (von oben nach unten):
Oberdorlaer Muschelkalk, bossiert;
Oberdorlaer Muschelkalk, gespitzt;
Seeburger Sandstein, gestockt;
Oberdorlaer Muschelkalk geriffelt.

Bruchraue Platten unterschiedlichen Formats werden wie ein Puzzle im wilden Verband verlegt, um eine lockere, naturhafte Wirkung zu erzielen.

Breiten und unregelmäßige Ränder. Zur Wahl stehen zwei Verlegearten:

Der wilde Verband oder Wildverband wirkt locker und lebhaft und fügt sich aufgrund seines unregelmäßigen Fugenbildes und flatternder, auslaufender seitlicher Ränder besonders reizvoll in Schatten- oder naturnahe Gärten ein. Aufgrund der Größe der Platten eignet sich diese Verlegeart besser für größere Flächen oder Wege, da dann mindestens drei Platten nebeneinander verlegt werden können.

Das Zyklopenpflaster, auch Polygonverband genannt, ist eine feinere Art des Wildverbands. In der Größe und im Format ähnliche Platten, nach Bedarf leicht bearbeitet, werden dabei in polygonaler Form mit möglichst engen Fugen aneinandergesetzt. Da die Römer Meister im Verlegen des Zyklopenpflasters waren, findet man diese Pflasterart noch in antiken Städten Italiens, Spaniens und Griechenlands.

Entsprechend ihres regelmäßigen, meist recht eckigen Formats werden gesägte Platten nach Raster verlegt. Für einen lebhaften Verband können unterschiedliche Größen gemischt werden. Dabei sind die Fugen mit gleich großem Abstand auszuführen. Die Auswahl an Verlegearten ist sehr umfangreich, und fast täglich werden neue Varianten entwickelt, die sich alle auf altbekannte Verbände berufen.

Beim Reihen- oder Läuferverband werden Platten gleicher Größe nebeneinander in Reihen verlegt, je Reihe um eine halbe Platte versetzt. Diese Verbandsart, auch Streifenverband genannt, ist neutral, passt zu allen Situationen von Terrassen bis zu Wegen und ist, mit entsprechend starken Platten auf fachgerecht ausgeführtem Ober- und Unterbau und seitlicher Einfassung, auch befahrbar.

Der Bahnenverband ist eine Variation des Reihen- oder Läuferverbands. Platten gleicher Breiten aber verschiedener Längen ergeben eine lebhafte streifenartige Verlegeart, die je nach Rhythmus des Längenwechsels und der Anzahl der Platten sehr unterschiedlich wirkt. Alternativ können sowohl die Länge als auch die Plattenbreite von Reihe zu Reihe wechseln, mal schmal, mal breiter. Die Größe einer Fläche wird durch die wie bei einem Strichcode eng an eng liegenden Reihen optisch aufgelockert.

Der Schiffsverband gleicht, wie der Name schon sagt, dem Deck eines Schiffs. Er setzt sich aus gleichmäßig schmalen, aber unterschiedlich langen Platten zusammen und

Urlaubsstimmung zu Hause: Große, beinahe monumentale Natursteinplatten verlegt als Zyklopenpflaster.

Erst wenn man Flächen in Kreuzverband (rechts) und Bahnenverband, (unten Charlottenburger Platten in 30er-, 40er- und 50er-Breiten) gegenüberstellt, werden die Unterschiede deutlich.

Rechte Seite: Nicht alle Flächen im Garten sollten durch Wege zerschnitten werden. Oft reichen Trittplatten aus, um einen Wegeverlauf anzudeuten, ohne das Grün zu stören.

eignet sich vor allem als Übergang von einem Holzbelag im Haus zu einem Natursteinplattenbelag auf der Terrasse, da die Verlegerichtung fortgesetzt werden kann.

Der Kreuzverband zeichnet sich durch seine ruhige, klare und vor allem architektonische Wirkung aus, ein Grund, warum er bei modernen Architekten so beliebt ist. Der Verband besteht aus gleich großen quadratischen Platten, in der Regel mit feiner Oberflächenstruktur, die mit Kreuzfugen verlegt werden. Die Fläche ist nur bedingt belastbar und nur für Fußgänger geeignet, da sich die Platten und damit auch die Fugen durch größere Schubkräfte verschieben würden. Eine Abwandlung ist die diagonale Verlegung. In beiden Fällen sollte die Plattengröße proportional zur Fläche sein, es sei denn, man möchte die Terrasse oder den Weg durch Über- oder Mindergrößen der Platten optisch verändern.

Der römische Verband oder Römerverband setzt sich zusammen aus abwechselnd quadratischen und rechteckigen Platten unterschiedlicher Größen, die als »Pakete« mit durchlaufenden Längs- oder Querfugen über zwei bis drei Steine verlegt werden. Die Platten sind alle durch ein bestimmtes Maß teilbar und stehen in Proportion zueinander.

Nicht alle Gartenwege müssen durchgehend gepflastert werden. **Trittplatten** können Wege andeuten, die nur gelegentlich begangen werden oder im Randbereich des Gartens liegen. Zwischen Pflanzbeeten, im Wald oder auf einer Rasenfläche sollten die Platten so groß sein, dass man mit beiden Füßen bequem darauf stehen kann. Die Platten sollten alle ähnlich groß und entsprechend dem Schrittmaß von 65 cm verteilt sein. Die Gestaltungsmöglichkeiten sind unzählig. Die Trittplatten können mit der Umgebung harmonieren, wie zum Beispiel Schieferplatten im Farngarten, oder absichtlich einen Kontrast darstellen wie helle Platten in grünem Rasen.

Mit Ausnahme des Wild- und Zyklopenverbands können alle aufgeführten Verbandsarten auch mit Betonplatten ausgeführt werden. Alle Flächen sind mit einem stets vom Gebäude wegführenden Gefälle von mindestens 2 Prozent zu verlegen.

Natursteinpflaster – neue und alte Begriffe

Seit der Publikation meines letzten Pflasterbuches wurde die seit 1965 gültige DIN 18502 Pflastersteine-Natursteine ersetzt durch die neue europaweit geltende DIN EN 1342 Pflastersteine aus Naturstein für Außenbereiche. Die Einführung dieser vereinfachten Norm hat weitreichende Konsequenzen für die reiche Pflasterkultur Deutschlands, Österreichs, Norditaliens und der Schweiz. Die Aufteilung der Pflastersteingrößen in Groß-, Klein- und Mosaiksteinpflaster mit unterschiedlichen Güteklassen entfällt und wird zu einem einzelnen Begriff »Pflastersteine« zusammengefasst. Danach ist ein Pflasterstein ein »Quader mit Nennmaßen zwischen 50 mm bis 300 mm und Flächen, die im Allgemeinen das Zweifache der Dicke nicht überschreiten«. Die Mindestnenndicke wird mit 50 mm angeben. Weitere Änderungen gegenüber der alten Norm sind:

- Die Differenzierung zwischen bearbeiteten und gespaltenen Steinen: In der Norm als »fein bearbeitet« beschrieben – werksteintechnisch bearbeitete Oberflächen (unter anderem geschliffen oder gesägt) mit einem Höhenabstand an einer Fläche von höchstens 0,5 mm und mit unbearbeiteter, spaltrauer Oberfläche. Indem der Bearbeitungsgrad der Pflastersteine angegeben wird, versucht man der bisherigen Kritik zur Gehfreundlichkeit und Ebenheit einer Pflasterfläche entgegenzuwirken.
- Die Toleranzen bei der Steingröße beziehen sich nicht wie früher auf die Steingröße, sondern auf die Anzahl der bearbeiteten oder gespaltenen Flächen und darauf, ob es sich dabei um die Fläche (Flächenmaß) oder Dicke handelt. Für das Flächenmaß gelten:
Zwischen zwei gespaltenen Flächen +/– 15 mm
Zwischen einer bearbeiteten und einer gespaltenen Fläche +/– 10 mm
Zwischen zwei bearbeiteten Flächen +/– 5 mm
Bei Abweichung von der Dicke wird weiterhin in zwei Klassen unterschieden: T1 mit größeren Toleranzen und T2 mit geringen Toleranzen:
Zwischen zwei gespaltenen Flächen +/– 30 mm (T1); +/– 15 mm (T2)
Zwischen einer bearbeiteten und einer gespaltenen Fläche +/– 30 mm (T1); +/– 10 mm (T2)
Zwischen zwei bearbeiteten Flächen +/– 30 mm (T1): +/– 5 mm (T2)
- Die zulässigen Höhenunterschiede (Buckel) an der Sichtfläche dürfen zwischen Vertiefungen und Erhebungen an gespaltenen Flächen 5 mm und an bearbeiteten Sichtflächen 3 mm nicht überschreiten.
- In wesentlichen Textteilen scheint die Norm vom Reihenverband als Hauptverlegeart auszugehen und nicht wie die DIN 18502 von der in Deutschland typischen Segment- oder Schuppenbogenpflasterung. Aber unter »Abweichungen von der Nenndicke« werden, in Anlehnung an den Textteil über Kleinsteinpflaster aus der alten DIN 18502, die notwendigen Pflastersteine für Segmentbögen und Schuppenverband beschrieben: »(...) dann werden nicht nur würfelförmige Pflastersteine benötigt, sondern auch eine Anzahl an trapezförmigen und quaderförmigen Pflastersteinen. Die Lieferung darf bis zu 10 Prozent an Pflastersteinen enthalten, deren Maße außerhalb der zulässigen Abweichung von bis zu 10 mm liegen. Wenn die Pflastersteine nicht in Segmentbögen oder im Schuppenverband verlegt werden, ist ein entsprechender Hinweis bei der Bestellung anzugeben.« Dieser letzte Satz entspricht der alten DIN-Norm.
- Die Kennzeichnung der Ware auf der Verpackung oder dem Lieferschein: Pflastersteine sind zu kennzeichnen mit dem petrographischen und dem Handelsnamen des Steins, dem Namen und dem Ort der Gewinnungsstätte, dem Namen und der Adresse des Lieferanten, dem Namen und der Nummer der Norm, der Kennzeichnungsklasse und weiteren Angaben zur chemischen Behandlung. Es ist wichtig, bei Natursteinpflaster die Klassen der Widerstandsfähigkeit gegen Frost-Tau-Wechsel zu beachten. Nur Pflastersteine von der Klasse FI eignen sich zur Verwendung in Deutschland, Österreich und der Schweiz.

Zusammenfassend ist festzustellen, dass die neue DIN EN 1342, obwohl sie versucht, für bessere und gehfreundlichere Pflasterflächen zu sorgen, nicht so deutlich ist wie die bisherige DIN-Norm. Nicht erwähnt werden beispielsweise Bindersteine, die früher mit einem Anteil von etwa 10 Prozent bei der Lieferung von Großsteinpflaster vorgeschrieben waren und maßgeblich für die Ausführung eines Reihenverbands sind. Die neue Norm kann auch die länder- und oft regionaltypische Pflasterkultur nicht berücksichtigen, die sich über Jahrzehnte oder manchmal Jahrhunderte aus

Pflastersteine im Vergleich: Sortiertes Kleinsteinpflaster nach der alten DIN-Norm mit einem Anteil trapezförmiger Steine, um Segmentbögen auszuführen (oben). Gesägtes handgekanntetes und sandgestrahltes Klein- und Großsteinpflaster mit ebener Kopffläche im Reihenverband verlegt (rechte Seite).

dem verfügbaren Steinmaterial und den Bedürfnissen der Bevölkerung entwickelt hat. Ebenso kann sie nicht zwischen den sehr unterschiedlichen Standards der handwerklichen Leistungen innerhalb Europas differenzieren.

Die klassischen Pflastersteingrößen

Auch wenn Pflastersteine laut der DIN EN 1342 nur noch nach Größen zu benennen sind, sind sie nach wie vor unter ihrem alten Namen bekannt. Um die Informationen über Natursteinpflaster zu vervollständigen, werden hier sämtliche Bezeichnungen angegebenen, auch wenn manche nur noch von historischem Wert sind. Altes, gebrauchtes Pflaster ist nach wie vor begehrt, und um es richtig einzusetzen, benötigt man gewisse Hintergrundinformationen.

Der Pflasterer unterscheidet zwischen der Kopf- und Fußfläche eines Pflastersteins. Jeder Stein hat eine eindeutige Kopffläche (oben), die in der Regel glatter und eine Nuance größer ist als die Fußfläche (unten). Die Kopffläche sollte immer an der Oberfläche liegen. Schlecht gepflasterte Flächen erkennt man daran, dass die Kopf- und Fußflächen vertauscht sind, was zu einer sehr unregelmäßigen, unbequemen Gehfläche führt. Diese ungekonnte Ausführung durch ungeschulte und unerfahrene Arbeitskräfte ist sicherlich ein Grund, der zur Festlegung der Eigenschaft von Pflastersteinen in der DIN EN geführt hat.

Großsteinpflaster

Großsteinpflaster hat sich als Straßen-, Platz- und Hofbelag bewährt, da es belastbar, dauerhaft und von besonderer Schönheit ist. Je nach Gesteinsart gibt es leicht unterschiedliche Größen. Während es Granit-Großsteinpflaster in Breiten von 15 bis 17 cm, Längen von 16 bis 22 cm und Höhen von 14 bis 16 cm gibt, sind Großpflastersteine aus Basalt, Diorit, Grauwacke und Melaphyr etwas kleiner mit Breiten von 11 bis 15 cm, Längen von 12 bis 22 cm und Höhen von 13 bis 15 cm. Zu erwähnen sind Sonderformate wie Bischofsmützen, auch Fünfeckstein genannt, sowie Binder- und Dreiecksteine, die für die Ausführung von Reihen- und Diagonalverbänden notwendig sind.

Der europaweite Handel mit gebrauchtem Naturstein hat dazu geführt, dass gelegentlich auch inzwischen historische Großsteinformate angeboten werden:

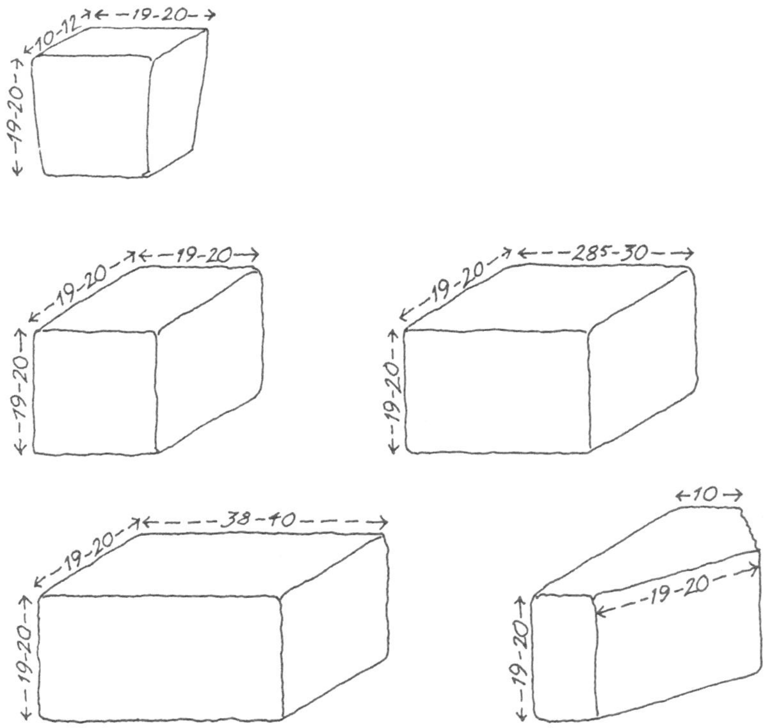

Historische Großsteinpflasterformate (von oben links nach rechts): Prismen, Würfel, Binder, Doppelstein, Fünfeckstein.

Unterschiedliche Funktionsbereiche lassen sich oft unter Beibehaltung derselben Verlegeart nur durch Wechsel des Materials kennzeichnen. Im Bild: Kleinsteinpflaster auf dem Mittelstreifen und Großsteinwürfel für den Rest der Fläche.

In Reihen verlegtes Granit-Kleinsteinpflaster, verlegt im rechten Winkel zur bündigen Großsteinpflaster-einfassung, lässt den Weg breiter und wichtiger wirken.

■ Würfel zählen zu den wohl schönsten Pflastersteinen. Um die Jahrhundertwende, als Pflastersteine von Klasse 8 (Rundsteine und Findlinge) bis Klasse 1 (die höchste Bearbeitungsstufe) gegliedert waren, entsprachen Würfel mit Kantenlängen von 19 bis 20 cm der höchsten Qualität an Pflastersteinen. Die Steine verjüngen sich nicht, die Fußfläche ist so groß wie die Kopffläche. So könnte theoretisch jede Seite des Würfels nach oben verlegt werden. In der Praxis aber, nach Jahren des Gebrauchs, ist die Kopffläche eindeutig an der Wölbung erkennbar. Die Steine schlug man früher im Steinbruch schichtweise per Hand, verlud sie sorgfältig und transportierte sie per Bahn – ein Arbeitsaufwand, der heutzutage unbezahlbar wäre.

■ Doppelsteine entsprechen der Größe von zwei nebeneinander verlegten Würfelsteinen. Ihre Länge beträgt 38 bis 40 cm, Breite und Höhe entsprechen jeweils der eines Würfelsteins.

■ Binder oder Anderthalber sind genauso lang beziehungsweise eineinhalb Mal so lang (28,5 bis 30 cm) wie ein Großstein. Beide Steine sind wichtig, um die Regelmäßigkeit innerhalb des Verbands sowie den Übergang und Ansatz eines Pflastermusters zu gewährleisten.

■ Fünfecke oder Bischofsmützen sind wichtige Ansatz- und Verbindungssteine für Diagonalverbände. Wie der Name besagt, hat der Stein fünf Kanten. Die Ansatzkante der Kopffläche beträgt 19 bis 20 cm, die seitlichen Kanten 10 cm. Die Höhe entspricht der eines Würfelsteins mit 19 bis 20 cm.

■ Dreiecke werden analog zu Fünfecken auch als Ansatzstein verwendet, jeweils mit Längen zwischen 19 bis 20 cm.

Ungewöhnlich aber wirkungsvoll: Ausgesuchtes portugiesisches Kalk- und Basaltmosaiksteinpflaster in Reihen verlegt. Das Restmaterial wurde als dicke »Mulchschicht« am Rand verteilt.

Kleinsteinpflaster

Das Kleinsteinpflaster wurde in der zweiten Hälfte des 19. Jahrhunderts in Stade vom königlichen Baurat Fred Gravenhorst eingeführt. Der Bedarf an Pflastermaterial für den Straßenbau war enorm und konnte nicht allein durch Großsteinpflaster gedeckt werden. Kleinsteinpflaster war einfach und wirtschaftlich zu produzieren und im Vergleich zu Großpflaster günstig zu transportieren. Man entwickelte materialspezifische Verlegearten wie Segmentbögen, die auf die Eigenschaften der gespaltenen, leicht unterschiedlich großen trapezförmigen Pflastersteine abgestimmt waren. Es wurde nicht mehr in Reihen, sondern in Bögen gepflastert. Das handliche und regelmäßige Kleinsteinpflaster war leicht und schnell zu verlegen, aber trotzdem belastbar und dauerhaft. Der Einsatz des Materials weitete sich schnell über ganz Europa aus. Um 1900 war Kleinsteinpflaster in fast allen Großstädten Deutschlands, Österreichs und der Schweiz als Straßen- oder Platzbelag zu finden. Nur Großbritannien blieb ausgeschlossen von dieser Entwicklung. Früher als Doppelmosaik bekannt, entspricht die Größe eines Kleinsteinpflasters dem Zweifachen eines Mosaiksteins. Kleinsteinpflaster gibt es in drei Größen:

■ 10 x 10 x 10 cm
■ 9 x 9 x 9 cm
■ 8 x 8 x 8 cm

Bekannt ist auch eine alte Steingröße von 11 x 11 cm. Der Pflasterer aber hat im Sprachgebrauch die vorgeschriebene Größe der alten DIN nicht benutzt und wird sicherlich auch nicht die neuen gebrauchen. Er hat die bisher zulässigen Toleranzmaße einbezogen und bezeichnet Kleinsteinpflaster als 7/9, 8/10 und 9/11.

Mosaiksteinpflaster

Der Name Mosaiksteinpflaster leitet sich ab vom antiken Kunst-Mosaik. Das Pflaster gibt es in drei Größen:

■ 6 x 6 x 6 cm
■ 5 x 5 x 5 cm
■ 4 x 4 x 4 cm

Analog zum Kleinsteinpflaster spricht man auch hier von 5/7, 4/6 und 3/5-Steinen. Als historisches Pflaster ist der »neue Berliner« bekannt, ein prismenähnlicher Stein von 3 bis 4 cm Kopflänge und 6 cm Höhe, der nach den Polizeivorschriften von Berlin aus dem Jahr 1907 von der Bürgersteigkante bis zum Ansatz der Bauflucht zu pflastern war. Damals wie heute wird Mosaikpflaster zur Auspflasterung von Zwickeln und Anschlussbereichen an Gebäude sowie als Ornamentpflaster verwendet. Um die Jahrhundertwende war Mosaikpflaster ein preisgünstiger Belag, ein Grund, warum er sowohl im öffentlichen als auch privaten Bereich von Gründerzeitvierteln so weit verbreitet war. Wegen der geringen Höhe und kleinen Kopffläche ist Mosaikpflaster nicht belastbar und nur geeignet für Fußgängerverkehr und als Schmuckpflaster. Im Garten gehört es aufgrund der vielfachen Gestaltungsmöglichkeiten zu den beliebtesten Pflasterarten.

Verlegearten für Natursteinpflaster

Das Geheimnis einer schönen und gehfreundlichen Pflasterfläche liegt darin, den richtigen Pflasterstein in der passenden Größe und im richtigen Format für die jeweilige Verlegeart zu verwenden. Jeder Verband wurde für einen bestimmten Stein entwickelt. Wer die Regeln missachtet, darf nicht überrascht sein, dass die fertige Pflasterdecke nicht nur optisch missfällt, sondern dass sie auch instabil, unbequem zu begehen und schlecht zu befahren ist. Hierbei unterscheidet sich Meisterarbeit vom laienhaften Versuch. Manche Verlegearten sind so schwierig, dass sie nie von Unerfahrenen ausgeführt werden sollten.

Verlegearten sind auf erprobte und nachvollziehbare Prinzipien aufgebaut, die klar ablesbar sind. »Einfach loslegen und probieren« ist keine Maxime für das Pflastern mit Naturstein. Es bringt nur die Belagsform in schlechten Ruf. Genau wie bei allen anderen befestigten Flächen werden die Steine nie einfach auf den nackten Boden »gepflanzt«. Grundvoraussetzung für gute Pflasterflächen sind ein entsprechender Unterbau, fachgerecht ausgeführte Tragschichten und die richtige Bettung unter Berücksichtigung des Gefälles. Zu den weiteren Vorbereitungsarbeiten gehören unter anderem die Berechnung der notwendigen Steinmenge (in Tonnen) und das Span-

Pferdepflaster gehört zu den seltensten Pflasterarten. Dieser 14/18 Stein mit einer tiefen Rille in der Mitte, die wie eine Fuge wirkt und die Länge des Steins betont, wurde für die Verlegung auf steilen Straßen entwickelt, um Pferden einen besseren Halt zu bieten.

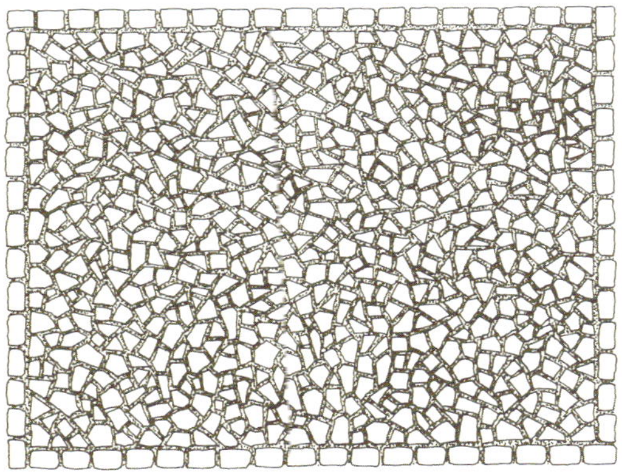

Schemaskizze eines Wildpflasterverbands.

Zeitlos und wunderschön: Jeder Stein sitzt an der richtigen Stelle in dieser für das Wildpflaster typischen, lebhaft gemusterten Fläche.

nen von Hilfsschnüren. Bei der Entscheidung, welche Verlegeart gewählt wird, ist neben optischen Kriterien auf folgende Punkte zu achten:

- Richtige Verlegeart entsprechend der Steingröße und des -formats: Das Format bestimmt die Verlegeart, die Steingröße den Maßstab. Bogenpflaster und Passée können zum Beispiel weder mit quader- oder würfelförmigem Pflaster noch mit Großsteinpflaster ausgeführt werden.
- Richtiger Verband für die spezifische Situation, entsprechend der Flächengröße und der zu erwartenden Belastung. Mosaiksteinpflaster eignet sich beispielsweise nicht für befahrbare Flächen.
- Fachmännische Ausführung: Die meisten Verlegearten können nicht von Laien ausgeführt werden. Suchen Sie deshalb erfahrene Firmen, und begutachten Sie bereits ausgeführte Flächen.
- Wer sich für Natursteinpflaster entscheidet, sollte sich nicht vom Preis, sondern von der Qualität der Arbeit leiten lassen.

Zum besseren Verständnis sind die Verlegearten in zwei Gruppen unterteilt: In Verlegearten für verschiedene unbearbeitete Steine und für regelmäßig geformte Steine aus dem Steinbruch.

Verlegearten für unbearbeitete Steine

Das Wildpflaster ist eng verwandt mit dem Wildverband (siehe Seite 74). Für einen flächendeckenden Belag werden beim Wildpflaster nicht nur verschiedene Größen und Formate, sondern auch unterschiedliches Material nebeneinander verlegt. Sowohl Findlinge, Spalt- und Bruchsteine als auch Kieselsteine können in einem Wildpflasterverband gemischt verlegt werden. Dadurch entsteht eine sehr lebhafte Pflasterfläche mit völlig unregelmäßigem Fugenbild, unterschiedlichen Farben und reicher Oberflächenstruktur. Wildpflaster ist allerdings die am schwierigsten auszuführende Pflasterart. Einerseits liegt dies daran, dass man keine genaue Vorstellung über das Aussehen der fertigen Fläche hat. Andererseits neigt man unwillkürlich dazu, ein System in das Chaos zu bringen. Diesem Zwang zu widerstehen und die Steine spontan und unre-

gelmäßig zu setzen ist eine Herausforderung. Das historische Wildpflaster eignet sich am besten für ländliche Gegenden, als Hofpflaster eines historischen Bauwerkes oder Bauernhofes oder als breiter Weg oder »Feldweg« im Garten. Damit die Flächen wirken, sollten sie nicht zu klein sein, denn der Reiz liegt in der großzügigen Lebendigkeit.

Katzenkopfpflaster besteht aus kleineren Findlingen oder etwa 10 cm großen Fluss-, Strand- oder Grubenkieseln, die ohne Ober- und Unterbau einfach ins Erdreich gesetzt werden. Häufig wird Katzenkopfpflaster auch als Wildpflaster bezeichnet. In der Regel mit fast gleich großem Steinmaterial ausgeführt, besteht das »Wilde« aber nur aus der scheinbar zufälligen Verlegeart der eng an eng liegenden Steine. Flächen aus Katzenkopfpflaster sind holprig, gewölbt und unbequem zu begehen und zu befahren, besonders wenn die Steine nur bis zur halben Höhe eingebettet sind. Früher wurden vor allem Traufflächen und Plätze in diesem Verband gepflastert. In historischen Stadtkernen des Mittelmeerraumes oder in Dorfzentren des Mittelalters bis zum 18. Jahrhundert kommt dieses Pflaster häufig auch in Variation mit eingearbeiteten Mustern vor. Im Garten ist Kieselpflaster heute als Schmuckpflaster beliebt.

Verlegearten für Pflastersteine

Ein Großteil der hier vorgestellten Verlegearten stammt aus dem späten 19. Jahrhundert, der Blütezeit des Pflastererhandwerks. Viele Beispiele aus dieser Epoche sind auch heute noch auf zahlreichen Straßen und Plätzen zu sehen und können als Inspiration für den eigenen Garten dienen. Grundsätzlich unterscheidet man zwischen zwei Verlegeformen:

- Reihenpflaster und Abwandlungen wie Diagonalpflaster, Netzpflaster, Passéepflaster
- Bogenpflaster wie Segmentbögen, Schuppenverband und Kreisverlegung

Während alle Verlegearten mit Klein- oder Mosaiksteinpflaster ausgeführt werden können, ist Großsteinpflaster, das heißt Pflastersteine ab 12 cm Größe nur geeignet für Reihen-, Diagonal- und Netzpflaster. Diese Einschränkung gilt zum einen aufgrund der Steingröße, zum anderen wegen des regelmäßigen, würfelartigen Formats, das ungünstig für die Auspflasterung von Bögen und Passéepflaster ist.

Trotz der gewölbten Oberfläche strahlt Katzenkopfpflaster eine Ruhe aus, die hervorragend zur eleganten Umgebung passt.

Was würde man bei einem Fachwerkhaus anderes erwarten? Die erste Pflasterung ums Gebäude wurde mit Rund- oder Bruchsteinen vom Feld, Flussufer oder Strand ausgeführt. Mit der Zeit entwickelt sich eine gebietsspezifische Pflasterkultur, die unsere Landschaft und Gärten bis heute noch prägt.

Alle reihenartigen Verlegearten benötigen regelmäßiges, würfel- oder quaderartiges Material ähnlicher Größe. Die Toleranzspanne ist sehr gering, da jede Abweichung innerhalb des durchlaufenden Fugenbildes sofort auffällt. Die Verlegeart ist bei der Materialbestellung unbedingt anzugeben. Mit Ausnahme des Diagonal- und Reihenpflasters, ausgeführt in Großsteinpflaster, sind reihenartige Verbände nur bedingt belastbar und nicht befahrbar. Diese rasterartigen Pflasterarten sind aufgrund ihrer ruhigen, unauffälligen Optik derzeit sehr beliebt, werden aber leider oft an ungeeigneten Standorten und über zu große Flächen verlegt. Bei der Planung und Ausführung von reihenartigen Verbänden ist Folgendes zu beachten:

- Höchste Qualität an sortierten und gleich großen würfelartigen Steinen bestellen.
- Schnurgerade Fugen in beiden Richtungen und unbedingt im 90°-Winkel, weshalb Fluchtschnüre unverzichtbar sind.
- Eine Einfassung ist notwendig, um der Fläche Halt zu geben.
- In Bezug auf Material und Verlegung zählen sie zu den teuersten Pflasterarten.

Das klassische Reihenpflaster gehört zu den ältesten Pflasterarten. Die gleich großen Steine werden nebeneinander in Reihen verlegt und jede Reihe um einen halben Stein versetzt, sodass sich keine Kreuzfugen bilden. Als Ansatzstein wird ein Binderstein am Anfang und am Ende jeder zweiten Reihe an die durchlaufenden einzelnen Anschlussreihen verlegt. Die Reihen pflastert man stets im rechten Winkel quer zu einer Straße, nicht parallel. Da man in Gärten eine geringere Belastung der Wege erwartet, pflastert man die Reihen aus optischen Gründen oft längs zum Wegeverlauf. Reihenpflaster wird für Bordüren und als Füllfläche in Klein- und Mosaikstein ausgeführt, primär unter Verwendung von kleineren gleichgroßen Pflastersteinen.

Das Diagonalpflaster, eine Abwandlung des Reihenpflasters, wurde zur Befestigung von Straßen und Plätzen im späteren 19. Jahrhundert entwickelt. So konnten die eisenbereiften Räder der Fuhrwerke nicht in die Fugen einschneiden. Die versetzten Reihen werden diagonal, im 45°-Winkel zur Straßen- oder Gebäudekante verlegt. Als Ansatz dient eine

Allein durch Veränderung der Verlegerichtung oder des Pflasterformats können ganz verschiedene Effekte erzielt werden. Bei langen Strecken mit durchlaufenden Fugen (unten) ist es wichtig, die Linie zu halten, sonst »wackelt« der Weg.

Netzpflaster aus gebrauchten 18/18 Granit-Großsteinwürfeln: Zur Ausführung sind Bischofsmützen oder Dreiecksteine als Ansatzsteine notwendig.

Eine außergewöhnliche Ornamentpflasterung aus übrig gebliebenen Dreiecksteinen.

Unten: Netzpflaster kann pur oder durch einen gleich großen, aber farblich abgesetzten Stein mit Ornamentik versehen werden.

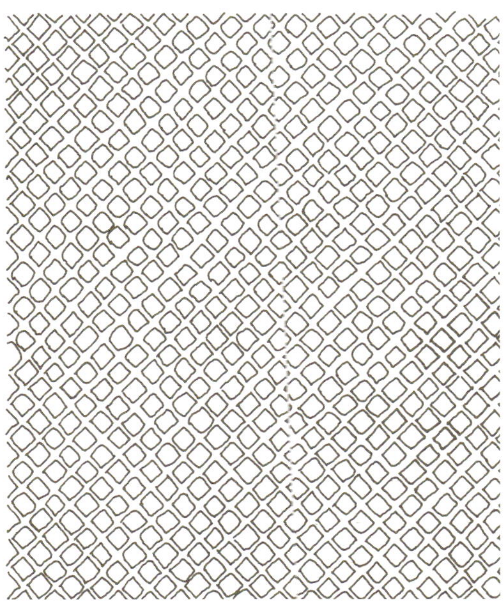

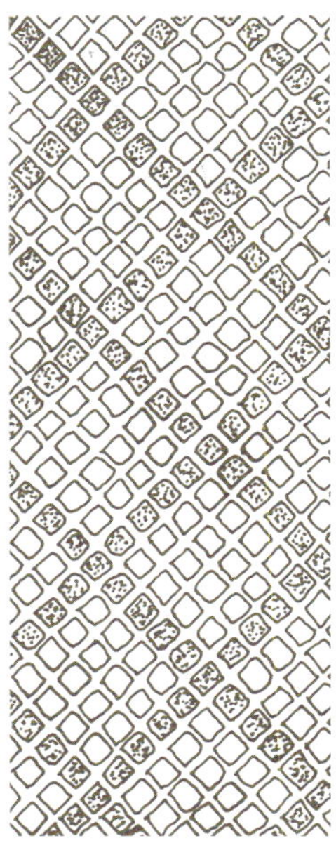

Längsreihe, an die Fünfecksteine beziehungsweise Bischofsmützen oder Dreiecksteine verlegt werden. Gewöhnlich werden diagonale Reihen von beiden Seiten gelegt, die sich in der Straßen- oder Platzmitte im rechten Winkel in Form eines langgezogenen Fischgrätmusters treffen. An diesem Punkt liegt ein Binderstein, der als Übergangstein und Richtungswechsel dient. Die Straßenmitte ist gleichzeitig der höchste Punkt und Wasserscheitel. Ausgeführt in Großsteinpflaster bildet das Diagonalpflaster eine sehr stabile Fläche und eignet sich für Zufahrten, Höfe und Plätze.

Das Netzpflaster kennzeichnen durchlaufende Längs- und Querfugen im 90°-Winkel zueinander. Diese Verlegeart verlangt Präzision in der Ausführung und gleichgroßes Pflastermaterial. Das Fugenmuster gleicht dem eines Netzes. Die Steine werden diagonal, ausgehend von einem Fünfeck- oder Dreieckstein, mit Kreuzfugen verlegt. Das Netzpflaster kann in allen Steingrößen gepflastert werden, wobei die Ansatzsteine für Klein- und Mosaiksteinpflaster vor Ort geschlagen werden müssen. Für Großpflaster bieten sich gebrauchte Bischofsmützen und Dreiecksteine an. Der Belag hat mehr dekorative Funktion, ist nur bedingt belastbar und daher eher für Gärten als für befahrbare Verkehrsflächen geeignet. Netzpflaster bietet sich an für Terrassen, Wege und Sitzplätze. Wunderschöne Beispiele mit eingearbeiteten Mustern sind auf Plätzen und in öffentlichen Parkanlagen in Portugal zu finden. Diese meist zweifarbigen Muster sind eine Inspiration für jeden Gartenbesitzer.

Für Passéepflaster benötigt man im Gegensatz zu den anderen reihenartigen Pflasterarten nicht nur gleichgroßes, würfelartiges Material. Passéepflaster ist eine eigenständige Pflastergattung ohne durchlaufende Fugen, die optisch dem römischen Verband ähnelt. Neben dem Wildpflaster ist Passée eine der schwierigsten Verlegearten, insbesondere für Pflasterer, die gewöhnlich Bogenpflaster ausführen. Sie neigen automatisch dazu, ein System in das Muster zu bringen. Hauptmerkmal des Passéepflasters, das in Klein- oder Mosaiksteinpflaster verlegt wird, ist aber gerade die »regelmäßige Unregelmäßigkeit«. Man benötigt trapezförmige und einen kleineren Anteil würfelartiger Steine von einer Größe (die früher als Güteklasse II eingestuften Steine mit Toleranzen von +2 cm bis −1 cm haben die Spannweite an Größen, die für die Verlegung dieses Pflasters notwendig sind).

Der Pflasterexperte Alexander Knoll, der in den 1920er-Jahren mehrere Bücher über das Steinsetzergewerbe geschrieben hat, gab in seinem Buch »Geschichte der Straße und ihrer Arbeiter, Band I: Die Straße« aus dem Jahr 1924 folgende Anweisung für Passéepflaster: »(...) die Stoßfugen möglichst in der Winkelstellung von 45 Grad zur Straßenachse zu stehen kommen, daß niemals die Ecken von 4 Steinen an einer Stelle zusammenstoßen und somit auch keine viereckigen Löcher anstatt Fugen entstehen: Um das letztere zu vermeiden, muß der Steinsetzer darauf achten, dass die einzelnen Ecken im fertigen Pflaster immer groß genug sind, um den nächsten Stein aufnehmen zu können. Dabei soll jeder Stein auf den ersten Blick oder den ersten Handgriff ›passen‹. Langes Suchen nach dem passenden Platz gilt als ›stümperhaft‹.«

Keine Passéepflasterfläche gleicht der anderen. Einfach erklärt, besteht das Pflaster aus verschobenen Reihen – daher kommt auch sein Volksname Schiebepflaster. Wie bei allen Pflasterarten ist auch beim Passéepflaster der Ansatz wichtig: Dabei werden selten mehr als fünf Steine rechtwinklig an einer einzeiligen Ansatzreihe verlegt, die dann von einer kurzen »Reihe« in rechtem Winkel zerschnitten wird. Irgendwo an diese »Linie« wird eine weitere Reihe verlegt, ein Vorgang, der sich immer entlang der Ansatzreihe wiederholt. Die Zwischenräume werden fast puzzleartig mit Pflastersteinen gefüllt.

Historisch wurde Passéepflaster als Streifen- und Füllpflaster auf Bürgersteigen, auf Gartenwegen und auf wenig befahrenen Plätzen verlegt. In den neuen Bundesländern, in Dresden und Leipzig sowie in Berlin, sind wunderschöne Beispiele dieser Verbandsart zu sehen. Bis zur Wende in Süddeutschland kaum bekannt, erlebt Passéepflaster nunmehr eine Renaissance und wird in Neuanlagen ausgeführt. Es ist nur zu bedauern, dass zu wenig Pflasterer diese Verlegeart beherrschen.

Der Begriff Bogenpflaster fasst drei verschiedene Pflasterarten zusammen: Segmentbogenpflaster, Schuppenverband und Kreisverlegung. Gemeinsam ist allen, dass sie mit Klein-

Passéepflaster kommt in einer Vielzahl von Variationen vor, von schlicht bis hin zu sorgfältig ausgeführter Einlegearbeit (unten).

Stoßen Segmentbögen aus verschiedenen Richtungen aneinander, werden sie mit Dreiviertelbögen, auch Hufeisen genannt, überbrückt.

Rechte Seite: Ein Halbkreis im Segmentbogenpflaster betont die Treppe und den Übergang zur unteren Terrasse.

oder Mosaiksteinpflaster ausgeführt werden und dass ihre Konstruktion von der Grundform eines Kreises ausgeht. Jede Pflasterart ist jedoch sofort erkennbar, wird unterschiedlich eingesetzt und ist von unterschiedlichem Aufwand in der Ausführung.

Segmentbogenpflaster wurde in der zweiten Hälfte des 19. Jahrhunderts als stabile, belastbare und dauerhafte Straßen- und Platzpflasterung entwickelt. In vielen Städten sind noch heute zahlreiche historische, aber auch neue Beispiele dieser Pflasterart zu sehen. Segmentbogenpflaster kann auch im Garten sehr wirkungsvoll eingesetzt werden, insbesondere auf Zufahrten, Stellplätzen, Terrassen und Wegen, wo es Ästhetik mit Zweckmäßigkeit verbindet. Für die Ausführung des Verbands sind zwei Aspekte von großer Bedeutung:

- Das Material: Ganz wesentlich für die Wirkung und den Halt des Verbands ist die Verwendung von trapezförmigen gespaltenen Steinen einer hohen Klasse und ein geringerer Anteil von würfelartigem Material. Der Schwung der Bögen mit ihren gleichmäßigen Fugen kann nur mit Steinen verlegt werden, die an der Sichtfläche (Kopffläche) konisch zulaufen und am äußeren Bogenrand breiter sind als am inneren. Dieses logische Prinzip wird aber zunehmend ignoriert. Jeder Versuch, Segmentbögen mit Würfelsteinen mit quadratischer Oberfläche zu verlegen, ist zum Scheitern verurteilt. Die Fugen werden zu breit, klaffen auseinander, und die Stabilität wird beeinträchtigt.
- Proportion und Größe des Kreissegments zur Steingröße: Das Konstruktionselement ist ein Kreissegment (Viertelkreis) mit einem Mittelpunktswinkel von 90°. Sehne und Stich des Bogens sind von der Wegebreite, Terrassen- oder Platzgröße sowie von der Steingröße abhängig. Der Pflasterer oder der ausführende Architekt errechnet diese Maße für jede Situation nach der folgenden Formel, wobei B die Bogenbreite ist:

$$S \text{ (Stichhöhe)} = \frac{B}{5} + 1\text{ cm}$$

Je größer der Stein, desto größer die Bogenbreite und der Bogenradius. Nach der Fachkunde für Straßenbauer von 1978 ergeben sich folgende Bogenbreiten:

Steingröße	Bogenbreite
6/8 und 7/9 cm	0,80 bis 1,20 m
8/10 und 9/11 cm	1,10 bis 1,50 m
10/12 cm	1,40 bis 2,00 m

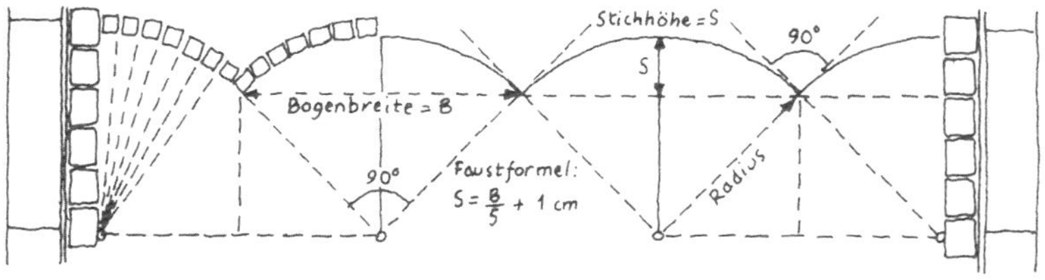

Der bayerische Hofpflastermeister Friedrich Wilhelm Noll hat seine Vorliebe für Kleinsteinpflaster und Segmentbögen in vielen Münchner Straßen und in seinem Buch »Zur Vervollkommnung des Kleinpflasters« von 1911 verewigt. Er legte das Konstruktionsprinzip des Segmentbogenpflasters fest und entwarf zahlreiche Variationen von Straßen- und Platzgestaltungen.

Am Rand der Fläche beginnt man mit einem halben Segment und schließt ebenfalls mit einem halben Segment im Anschluss an die Ansatzzeile ab. Üblicherweise in Kleinstein ausgeführt, eignen sich auch Mosaiksteine, nicht aber Großsteine, da die Bögen zu groß werden und die Steine meist nur als Würfel geliefert werden.

Eine interessante Variante des Segmentbogens, der sich für Wege und Bordüren eignet, ist der **Halbsegmentbogen**. Dabei werden, von einer Mittellinie ausgehend, nur jeweils zwei Halbsegmente gepflastert. Dieses Pflaster hat eine sehr starke richtungsweisende Wirkung.

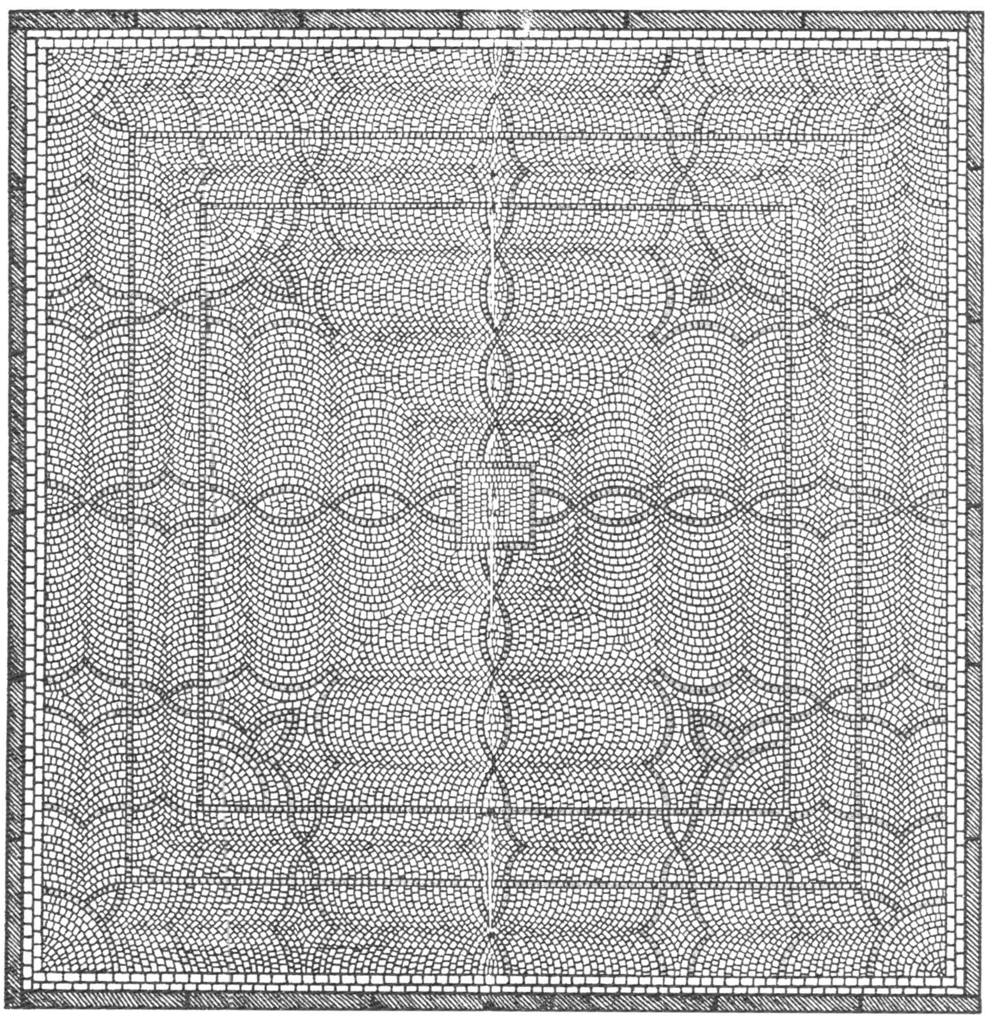

Die Grundform des **Schuppenbogenpflasters** ist die Schuppe. Wie bei einer Fischhaut reihen sich die einzelnen Schuppen neben- und übereinander und formen ein sehr dekoratives Muster. Diese Verlegeart ist ein Ornamentpflaster, das sich für Terrassen oder breite Wege eignet, auch in Kombination mit anderen Pflasterarten. Das zugrunde liegende Konstruktionselement ist der Halbkreis. Die Form der Schuppe ergibt sich dadurch, dass mittig auf zwei gleich große, nebeneinander liegende Halbkreise ein weiterer Halbkreis mit gleichem Radius gesetzt wird. Die Schuppen werden in Bögen ausgepflastert. Wie auch beim Segmentbogenpflaster ist die Bogenbreite abhängig von der Breite der Terrasse, des Weges oder Platzes und der Steingröße. Grundsätzlich sind Klein- und Mosaiksteine am besten geeignet. Großsteine sind viel zu unhandlich und großformatig und widersprechen der feinen Art des Musters. Auch hier gilt, je größer der Pflasterstein, desto breiter der Bogen:

Steingröße	Bogenbreite
3/5 cm	0,80 bis 1,10 m
4/6 cm	1,00 bis 1,30 m
5/7 cm	1,20 bis 1,40 m
7/9 cm	1,90 bis 2,10 m

Maßgeblich für die erfolgreiche Ausführung des Schuppenbogens ist die Verwendung von trapezförmigen gespaltenen Steinen und eines geringen Anteils quader- oder würfelartiger Steine. Es werden lediglich ein bis zwei Würfel als Abschluss der Schuppen und für die Mitte der oberen Reihen benötigt. Schuppenpflaster ist aufwändig zu pflastern und verlangt viel Vorarbeit. Man muss nicht nur die Richtung der Schuppen und die Anzahl der vollen Schuppen bestimmen, sondern auch den Ansatz-

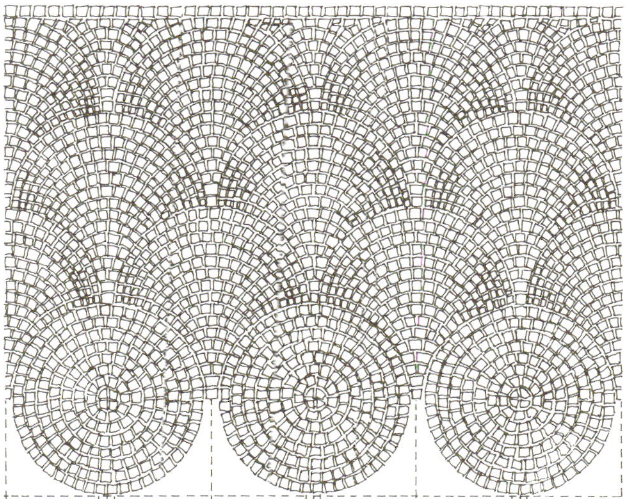

Schemaskizze für die Verlegung von Mosaiksteinpflaster 3/5 in Schuppenbogen mit Ausgangspunkt in der Mitte.

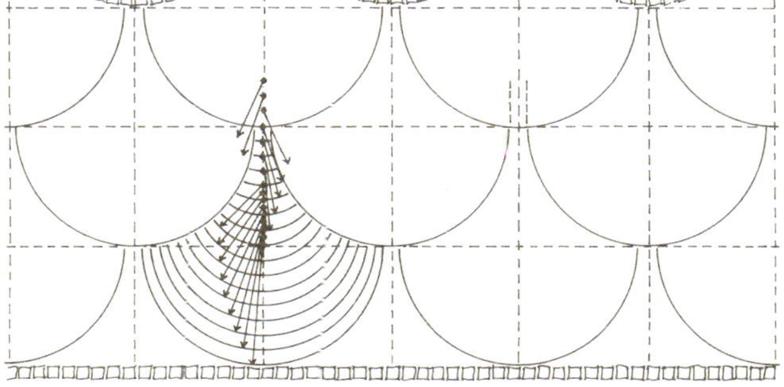

Eine Variation des Schuppenornaments ist das Lilienmuster, in dem die äußere Schuppenreihe in einer anderen Gesteinsfarbe hervorgehoben wird, hier grauer Granit mit gelber Granitfüllung. Der Ansatzpunkt wird durch einen weißen Marmor- Ansatzstein betont.

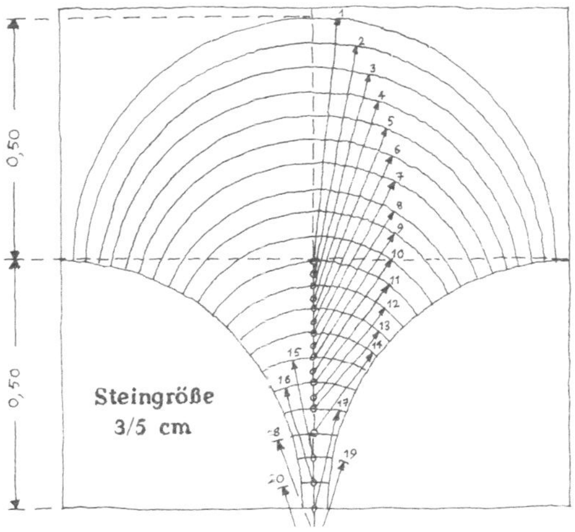

Konstruktionsprinzip des Schuppenbogens aus Mosaiksteinen 3/5 cm. Die Bögen werden nach außen hin flacher. Bei der Verwendung von größeren Steinen ist der Radius entsprechend größer.

punkt des Musters, ob also von der Mitte oder der Basislinie aus begonnen wird. Einen Teil oder eine verkürzte Schuppe am Rand der Fläche anzuschließen ist nicht korrekt. Richtig ist der seitliche Anschluss mit einer halben Schuppe. Gerade bei dieser Verlegeart empfiehlt es sich, das Ausmaß der Fläche erst nach Berechnung der Schuppengröße und Menge festzulegen und die Restfläche mit einer Bordüre aus Reihenpflaster zu füllen. Auch wenn nur mit einer Gesteinsart gearbeitet wird, ist Schuppenbogenpflaster allein durch den Rhythmus sehr schmückend. Hebt man einzelne Elemente wie den Ansatz der Schuppe oder die äußere Bogenreihe hervor oder arbeitet man mit hellen und dunklen Farbkontrasten, kann man diesen Effekt noch verstärken.

Lilien als starkes grafisches Muster durch Hell-Dunkel-Kontrast und Hervorhebung der Länge der Schuppe mit einem langgezogenen Ansatzpunkt.

Halbschuppenbögen sind beliebt als Bordüren oder Zierbänder für Plätze, Terrassen und Wege. Dabei werden die Schuppen der Länge nach halbiert, sodass ein sich wiederholendes spiegelverkehrtes Bild entsteht. Genauso wie bei den vollen Schuppen sollte die Steingröße im Verhältnis zur Größe der gepflasterten Fläche stehen und die Bogenbreite entsprechend errechnet werden. Mit Dreiviertelkreisen am Stoßpunkt erzielt man Richtungswechsel wie beispielsweise bei der Einrahmung eines rechteckigen Platzes. Zur Betonung der Halbschuppen werden einzelne oder mehrere Reihen mit gleich großen Steinen, jedoch aus anderem Steinmaterial, im Anschluss und um die Bordüre verlegt. Um den Hell-Dunkel-Kontrast noch markanter zu gestalten, eignen

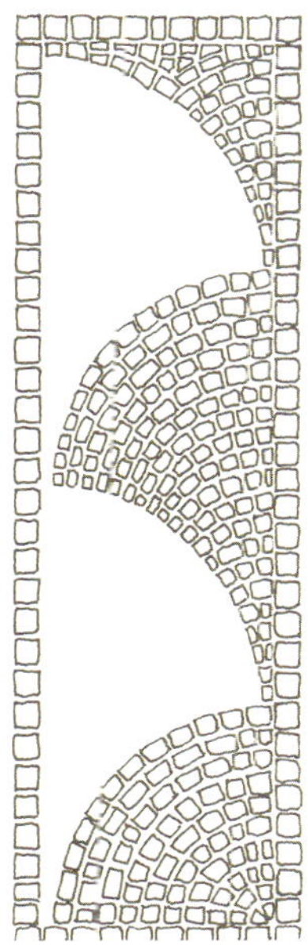

Halbsegmentbögen (oben) und Halbschuppenbordüren (links). Von Einzel- oder Doppelreihen eingefasst, eignen sie sich nicht nur für Plätze und Terrassen, sondern auch für Wege.

sich zum Beispiel Basalt- und Marmoreinfassungen in Kombination mit Granit oder Grauwacke kombiniert mit Porphyr.

Die Kreisverlegung ist eine Ornamentpflasterung, die nach den gleichen Prinzipien der anderen Pflasterarten dieser Gruppe erfolgt. Der Ausgangspunkt ist die Kreismitte, die durch die Verwendung einer anderen Steinfarbe hervorgehoben werden kann. Mit jedem Pflasterring vergrößern sich die Steine, angefangen mit Mosaiksteinen in der Kreismitte und je nach Radius des Kreises bis zu 9/11er-Kleinsteinen am Rand. Die Kreisverlegung erfordert ein hohes Maß an Können und Geschicklichkeit und eignet sich mehr als Einzelmotiv als für flächendeckende Pflasterungen.

Ein Beispiel eines Mosaiksteinpflasters mit gelungener farblicher Abstimmung der hellgrauen Grauwacke mit dem roten Granit.

Linke Seite: Auch wenn Möbel den Sitzplatz im Sommer verdecken, kommt die Qualität des Kreispflasters, hier mit Großsteinpflaster ausgeführt, spätestens im Winter zur Geltung.

Pflasterklinker und Ziegelpflaster

Ziegelpflaster besitzt eine Palette von Farbnuancen, die sich in jeden Garten einfügen.

Wer kennt nicht die romantischen Pflasterziegelwege, die von blühenden Stauden umgeben sind, oder die zweckmäßigen Ziegelwege in Nutzgärten, über die von allen Seiten Gemüseblätter ragen? Pflasterziegel können aber auch sachlich sein, passen zu neuen oder alten Gebäuden, eignen sich für kleine sowie für große Flächen und für ländliche Gärten ebenso wie für Gärten in der Stadt.

Die Vorteile des Werkstoffs sind bereits seit dem Altertum bekannt und erprobt. Sie reichen vom handlichen rechteckigen Format der Steine über die vielseitigen Verlegemuster bis hin zur Gehfreundlichkeit, Trittsicherheit und Materialbeständigkeit. Pflasterziegel entwickelten sich über die Jahre zu einem beliebten Belag für den Garten. Sowohl für sich, als auch in Kombination mit anderen Materialien fügen sich die warmen erdfarbenen Töne der Steine gut in Gärten ein, harmonieren mit den Pflanzen und vermitteln zwischen der Architektur des Hauses und dem grünen Freiraum.

Pflasterziegel konkurrieren nicht mit Naturstein, wie viele meinen, sondern sind ihm vielmehr ein wichtiger Partner. Zu Zeiten, in denen der Transport von Materialien und Produkten noch nicht so schnell und billig wie heute möglich war, waren die geographischen Grenzen zwischen Regionen mit Ziegel- oder Natursteinpflastervorkommen noch deutlich erkennbar. Gab es keinen Naturstein, verstand man sich sehr früh darauf, gebackene Steine aus Ton zu fertigen. Heute bestimmen der Gestaltungsstil, die Funktion und auch die Kosten, welcher Belag verwendet wird. Dennoch sollte die

Der Belag als Bindeglied: Die nahtlosen Übergänge von innen nach außen rücken den Garten optisch näher ans Haus.

historische geographische Verteilung nicht außer Acht gelassen werden. Der Sammelbegriff Pflasterziegel umfasst werkseitig hergestellte Pflastersteine nach DIN EN 1344. Diese europaweit einheitliche Normierung aus dem Jahr 2002 ergänzt die bisherige DIN 18503 Pflasterklinker und fasst Pflasterklinker und Ziegelpflaster zu einer Gruppe zusammen. Obwohl Ziegel und Klinker ähnliche Formate haben und in ähnlichen Verbänden verlegt werden, haben sie spezifische Eigenschaften, die für den Einsatz im Freien von Bedeutung sind. Um die richtige Pflasterart für den jeweiligen Zweck zu finden, ist es wichtig, diese Unterschiede zu kennen.

Ziegel und Klinker gegenübergestellt

Der Hauptunterschied zwischen Ziegel und Klinker liegt in der Temperatur der Brennung und der daraus resultierenden Härte und Frostbeständigkeit. Ziegel werden bei niedrigen Temperaturen gebrannt. Sie haben große Poren, sind weicher und können mehr Wasser aufnehmen, wodurch sie weniger frostbeständig sind. Da Ziegel säureempfindlich sind, ist ihre Verwendung in Gegenden problematisch, in denen im Winter noch gesalzt wird. Daher eignen sich Ziegel vorwiegend für Regionen ohne oder mit nur geringem Bodenfrost wie England, die Niederlande, Dänemark, Länder südlich der Alpen und milde Zonen der USA. Ihre geringe Belastungsfähigkeit und Druckfestigkeit schränkt auch die Verwendung für Verkehrsflächen ein. Da es im Garten vorwiegend Flächen mit leichter und mittlerer Verkehrsbelastung gibt, war die Vewendung von Ziegeln bisher meist unproblematisch. Doch mit zunehmender Beliebtheit von großen und schweren PKWs, vor allem SUVs ist die Belastungsfähigkeit ein wichtiges Entscheidungskriterium.

Klinker aus eisenhaltigem Ton werden bis zur Sinterung bei einer Brenntemperatur von 1 100° C gebrannt. Diese Temperatur ist so hoch, dass die Tonscherben verglasen und sich die Poren schließen. Dieser Vorgang, zum ersten Mal Anfang des 14. Jahrhunderts angewendet, erzeugt einen dichten, porenlosen und dauerhaften Stein. Klinker ist frost- und säurebeständig, biege- und druckfest und kann schweren Belastungen und Abnutzungen standhalten, vorausgesetzt, die Steine werden im passenden Verband und auf fachgerecht ausgeführtem Ober- und Unterbau verlegt. Zu unterscheiden sind Ziegel und Klinker durch ihre Farbe und ihren Klang. Die Farbe von Ziegelsteinen ist hell und sanft, während Klinker satte, oft dunkle Farben aufweist. Klopft oder geht man auf Klinker, klingt es klar, bei Ziegel gedämpfter.

Für Laien ist es schwierig, ohne Vorkenntnisse die Qualität und letztlich die Eignung eines Materials zu prüfen. In der Regel entscheidet das Aussehen über die Wahl des Belags. An zweiter Stelle folgt der Preis und oft erst zum Schluss die Frage nach der Eignung des Materials. Die Einführung der neuen DIN EN-Normen und der neuen Restnorm DIN 18503 mit dazugehörigen CE-Zeichen ermöglicht jedem, die Qualitätsklassen zu prüfen, vorausgesetzt, man macht sich mit der Klassifikation vertraut. Die DIN EN 1344 Pflasterziegel-Anforderungen Prüfverfahren ist in verschiedene Kategorien unterteilt, die sich auf Frost- und Säurebeständigkeit, Nennmaß, Festigkeit und Rutschwiderstand beziehen. Die höchste Klasse in jeder Kategorie entspricht in etwa der alten DIN 18503, die hohe Ansprüche an die Qualität stellt. Es ist wichtig, das CE-Etikett genau zu lesen und nicht selbstverständlich davon auszugehen, dass alle Materialien mit einem Prüfzeichen auch immer die geeigneten sind. Darüber hinaus sind zwei weitere wichtige Punkte zu beachten:

- Die Haltbarkeit beziehungsweise Frostbeständigkeit: Nur Material mit dem Vermerk »FP 100« eignet sich zur Verwendung nördlich der Alpen.
- Die Maßhaltigkeit oder Messspannklasse innerhalb einer Lieferung: Bei geometrischen Verbänden wie dem Kreuzverband ist beispielsweise gleich großes Material sehr wichtig. Neben dem CE-Zeichen ist dies eine zusätzliche Information der Hersteller. Klasse »R0« bedeutet, dass deutliche Unterschiede in der Größe auftreten können, in Klasse »R1« dagegen sind nur geringe Abweichungen zugelassen.

Pflasterziegel lebt von der Struktur und dem Rhythmus der Steine, die sich zu einer Einheit zusammenfügen.

Der Patchwork-Weg aus alten Klinkerplatten widerlegt was viele denken: Klinker gibt es nicht nur in Rotbraun, sondern in vielen Farbtönen.

Ökopflaster gewinnt an Bedeutung, und der Markt bietet zunehmend mehr Produkte. Sternklinker, Sickerklinker und Aquaklinker (von oben nach unten) erhöhen die Sickerungsfähigkeit von Regenwasser.

Wer sich unsicher in Bezug auf Herkunft und Eignung eines Materials ist, sollte auf das Konformitätszertifikat »Original-Pflasterklinker« von Mitgliedsfirmen der Arbeitsgemeinschaft für Pflasterklinker e.V. (www.pflasterklinker.de) achten. Dieses bürgt für Qualität, entspricht den Anforderungen der DIN 18503 und erfüllt somit die Voraussetzungen für die Verwendung in hiesigen Breitengraden. Von Pflasterziegeln aus dem Mittelmeerraum sollte man Abstand nehmen. Diese Ziegel können dem kontinentalen Winter langfristig nicht standhalten, sie splittern, brechen und werden bröselig.

Formate und Maße

Pflasterziegel werden vorwiegend in rechteckigen und quadratischen Formaten nach einem Fugenraster von 100 bis 300 mm hergestellt. Für Wege, Plätze und Terrassen im Freien, die nicht befahren werden, wird eine Mindestdicke von 40 mm empfohlen, für befahrbare Bereiche Dicken von mindestens 60 beziehungsweise 80 mm. Alle anderen Maße sind innerhalb des Rasters frei. Da die Maße von Hersteller zu Hersteller variieren, ist es ratsam, Herstellerkataloge zu studieren und die Angaben zur Größe vor Planungsbeginn zu prüfen. Die Menge an benötigten Steinen und die Maße der befestigten Fläche lassen sich so genau errechnen. Übliche Maße für rechteckige Pflasterziegel sind:

- 200 x 100 mm
- 220 x 108 mm
- 240 x 118 mm
- 250 x 120 mm
- 290 x 140 mm

Die Steine sind als Voll- oder als Halbsteine, das heißt in halber Länge, erhältlich. Für bestimmte Verbände, wie zum Beispiel den Läuferverband, benötigt man neben den Vollsteinen auch Halbsteine. Pflasterziegel können flach oder hochkant (schmale Seite nach oben) verlegt werden. Für befahrbare Flächen wird eine flache Verlegung empfohlen. Manche Hersteller bieten Pflasterziegel länglichen Formats in Dicken von 52 und 71 mm unter anderem in folgenden Größen an:

- 320 x 115 mm
- 340 x 90 mm
- 365 x 115 mm
- 490 x 115 mm

Alte riegelförmige, handgeschlagene Pflasterziegel sind schmäler und länger als das heutige Material und werden zu Höchstpreisen gehandelt. Oben: Ein Fischgrätstreifen als Einlage. Links: eine Überlagerung von zwei Mittelsteinkarees.

Quadratische Steine werden in folgenden Größen angeboten:

- 120 x 120 mm
- 150 x 150 mm
- 180 x 180 mm
- 200 x 200 mm
- 240 x 240 mm

Die Dicken für beide Formate reichen von 45 mm, 52 mm, 62 mm, 71 mm bis 80 mm, wobei nicht jeder Stein auch in jeder Dicke erhältlich ist. Die Oberfläche kann strukturiert sein, die Kanten gefast (leicht abgerundet) oder ungefast (scharfkantig). Die Beschaffenheit der Kanten wirkt sich auf das Fugenbild aus und somit auf das Aussehen der gesamten Fläche. Sonderformen wie Bischofsmützen, Klein- und Mosaiksteine (siehe Seite 82ff.) gibt es als Ansatz- und Füllsteine. Sie sind unter anderem notwendig für die Ausführung von diagonalen Verlegemustern. Formklinker für Stufen, Treppen und Rinnen ermöglichen eine einheitliche Gestaltung. Eine Besonderheit unter den quadratischen Pflasterklinkern sind die 205 x 205 mm großen, so genannten »Münchner Gehsteigplatten« der Firma Girnghuber mit geküppten, diagonal geriffelten oder pressglatten Oberflächen sowie die alte Münchner Form, geviertelt mit Ringen, die in Dicken von 43 und 65 mm erhältlich sind.

Sickerpflaster – eine neue Entwicklung

Unter der Bezeichnung Ökologie-Pflasterklinker bietet der Fachhandel einige interessante Varianten zu den rechteckigen Formaten an. Diese Steine, alle mit unterschiedlichen Kammersystemen, ermöglichen die Versickerung von Oberflächenwasser durch Aussparungen und Löcher im Stein. Voraussetzung sind ein fachgerecht ausgeführter, wasserdurchlässiger Ober- und Unterbau. Die Varianten reichen je nach Hersteller von Aquaklinker zu Sickerklinker mit einer quadratischen Aussparung an einer Ecke bis hin zum Sternklinker. Um die gestalterische Wirkung zur Geltung zu bringen, sollte man solche Steine in einfachen und einfarbigen Verbänden pflastern.

Altes Pflaster, gebrauchte Pflasterziegel

Ich habe eine Vorliebe für altes Pflaster mit Patina, muss aber zugeben, dass es in manchen Fällen absolut unpraktisch ist. Während Klinker beinahe unverwüstlich ist, eine lange Lebensdauer hat und bedenkenlos wiederverwendet werden kann, muss der Zustand von alten gebrauchten Ziegelsteinen genau geprüft werden. Allein um eine kleine Fläche zu pflastern, benötigt man eine große Auswahl an Material, um daraus die besten Steine auszusuchen. Doch der Reiz von handgepressten, geschlagenen Ziegeln ist groß. Viele der alten Pflasterziegelformate sind besonders schön und wertvoll. Sie variieren je nach Herkunftsort, tragen oft den Stempel des Werks und spiegeln so Geschichte wider.

Von den verschiedenen Formaten holländischer Klinker und englischer Ziegel sind viele nur noch in historischen Pflasterungen zu finden. Englische oder holländische Pflastersteine sind in der Regel schmäler als deutsche

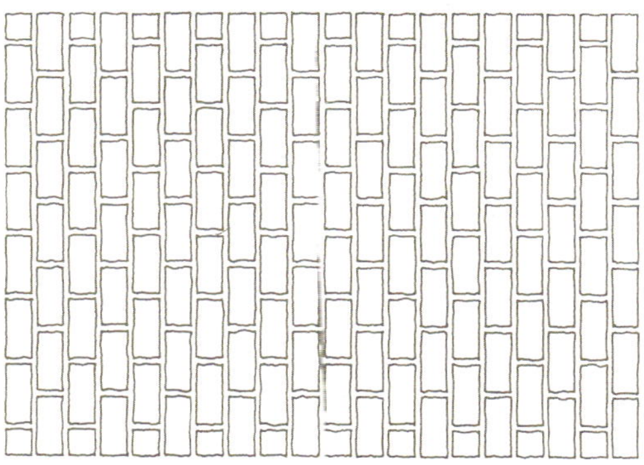

Soll ein Weg länger erscheinen, eignet sich Läuferverband, parallel zum Wegeverlauf verlegt. Auch kleine Variationen erzeugen große Wirkung: Während die Reihen auf dem Foto um einen viertel Stein verschoben sind, liegen sie in der Skizze im klassischen Verband jeweils um einen halben Stein versetzt.

mit einer Breite von 85 mm gegenüber 100 mm oder mehr. Heute sind solche historischen Pflasterziegel sehr begehrt und werden zu Höchstpreisen gehandelt. Sie werden insbesondere für denkmalpflegerische Projekte gesucht oder um eine romantische Note in eine Gartenanlage zu bringen. Da diese gebrauchte Ware aus Zeiten vor der Normierung stammt, ist Vorsicht geboten. Zum einen aufgrund der Frostbeständigkeit, zum anderen aufgrund der Biegefestigkeit und Druckaufnahme. Solche Steine sollten nur für Gehwege und andere nicht befahrene Bereiche verwendet werden. Bauziegel sind ungeeignet zum Pflastern, da sie für völlig andere Zwecke hergestellt werden und den Anforderungen im Freien auf Dauer nicht standhalten können.

Farben, Schattierungen und Nuancen

Ziegel verbindet man stets mit der Farbe Rot. Doch die Farbskala von Pflasterziegeln reicht von gelb über alle Rottöne bis zu dunkelbraun und blauschwarz. Maßgebend für die optische Qualität des Pflasters sind die feinen Farbnuancen und Schattierungen, die sogar innerhalb einer Palette variieren. Deshalb sollte man bei der Ausführung stets Pflaster aus mehreren Paletten verwenden. Die Farbgebung hängt vom Rohmaterial und vom Brennvorgang ab und teilt sich in drei Farbgruppen:

- Rot bis Braun: Der Eisengehalt des Tons bestimmt die bekannteste Farbe von Ziegel und reicht von rotorange bis rotbraun und dunkelbraun.
- Gelb: Durch Kalk in der Tonmasse ergeben sich helle Karamellfarben bis dunkle Töne.
- Buntsteine: Der Brennvorgang führt zu diesem Farbeffekt, bei dem die Oberfläche des Klinkers geflammt, das heißt mit hellen und dunklen Flecken versehen ist. Die Farbeffekte reichen von gelbbunt über rotblaubunt bis schwarzbunt.

Diese erdfarbenen Naturtöne mit Namen wie Herbstlaub und Blutbuche vermitteln sehr bildlich, wie die gepflasterte Fläche im Garten wirken wird. Pflasterziegel zeichnen sich durch ihre Farbbeständigkeit aus. Auch Jahre nachdem sie verlegt wurden, sehen sie noch gut aus und sind lediglich von einer leichten Patina der Benutzung überzogen.

Mit Klinker gestalten

Pflasterklinker fällt schon allein aufgrund seiner Farbe auf, und es bedarf einer guten, aber oft einfachen Gestaltung, damit die Flächen weder einem roten »Plattenmeer« gleichen noch kitschig und überladen wirken.

Die enorme Vielfalt an Verbandsarten erlaubt eine individuelle Gestaltung, ohne dass man auf Verbände anderer Pflastermaterialien zurückgreifen muss. Klare Muster, eigens für das Format und Fugenbild entwickelt, erzeugen allein durch Drehung der Steine einen völlig anderen Rhythmus und wirken großzügig. Wenn man aber mit Klinker versucht, die naturgemäße Ungenauigkeit von Natursteinpflasterwürfeln zu imitieren, wird es problematisch. Bei der Gestaltung mit Pflasterklinker ist zwischen befahrenen und nicht befahrenen Flächen zu unterscheiden. Als Faustregel kann man davon ausgehen: je ornamentaler der Verband, desto geringer die Lastübertragung und umso ungeeigneter für befahrene Flächen wie Garagen- und Hauszufahrten oder Stellflächen. Klassische Verbände für befahrbare befestigte Flächen sind Läufer-, Diagonal-,

Fischgrät- und Ellenbogenverband. Für Gehwege, Terrassen und Sitzplätze eignen sich alle Arten von Verbänden. Beim Verlegen von Pflasterziegeln liegt das Geheimnis darin, mit Rechtecken und geometrischen Formen zu arbeiten und sich nicht irgendwelche willkürlichen Formen auszudenken. Pflasterziegel haben eine reiche Geschichte, und es bietet sich daher an, sich von historischen Beispielen inspirieren zu lassen – von italienischen Plätzen und Höfen, der Wegearchitektur des englischen Architekten Edwin Lutyens und natürlich von beispielhaften Flächen in den Pflasterziegelhochburgen Ostfriesland und Schlesien. Obwohl auch begabte Heimhandwerker Pflasterziegelflächen verlegen können, ist es ratsam, aufwändige Verbandsarten und Wechsel zwischen hochkant und flach verlegten Steinen innerhalb eines Musters vom Fachmann ausführen zu lassen. Wie bei allen anderen Pflasterarten ist ein fachgerechter Ober- und Unterbau maßgebend für die Beständigkeit und Langlebigkeit einer Fläche. Eine starre Verlegung auf Mörtel mit Mörtelfugen ist nur in Sonderfällen auszuführen, beispielsweise bei Steigungen mit mehr als 10 Prozent.

Der Läufer- oder Reihenverband ist die bekannteste und gängigste Verbandsart. Reihe für Reihe wird der Stein entweder um einen halben, viertel oder dreiviertel Stein verschoben, sodass keine Kreuzfugen entstehen. Die Reihen können entweder parallel verlaufen, sodass sie eine starke Führungswirkung haben und die Fläche optisch »strecken«. Oder sie verlaufen im rechten Winkel zum Weg oder Gebäude, wodurch sie die Breite betonen. Bei langen Wegen ist zu beachten, die Reihen exakt in einer Flucht zu verlegen, damit sie nicht »wackeln«. Weitere Variationen sind hochkant verlegte Steine, die im Verband schmäler und kleinteiliger wirken. Dadurch erscheinen kleine Flächen größer.

Der Läuferverband lässt sich gut mit anderen Verbandsarten kombinieren, zum Beispiel als Trennungsstreifen oder Füllung. Als Einfassung oder als Übergangsstreifen von einem Muster zum anderem bietet sich auch eine Rollschicht an. Dabei werden die Steine mit der Längsseite an Längsseite verlegt. Eine Rollschicht wird dabei meist einreihig ausgeführt, entwe-der mit flach oder hochkant verlegten Steinen.

Der Diagonalverband wird wie der Läuferverband in Reihen verlegt, jedoch im 45°-Winkel zur Wege- oder Terrassenkante. Die Reihen treffen sich in der Mitte der gepflasterten Fläche mit Vollsteinen im 90°-Winkel. Die Ansatzsteine können vor Ort geschnitten oder für einen sauberen Anschluss mit Bischofsmützen oder Dreiecksteinen ausgeführt werden. An jeder Anschlussseite sollte als Abgrenzung mindestens eine Reihe im Läuferverband verlegt werden. Der Diagonalverband eignet sich am besten für breite Wege ab 1,40 m oder für Straßen. Dort kommt die starke pfeilartige Wirkung des Verbands zum Tragen.

Der Fischgrät oder Keperverband ist ein klassischer Verband, der sich für alle Situationen eignet. Die Reihen verlaufen im Zickzack, im 45°-Winkel zur Wege-, Straßen- oder Gebäudekante, wobei sich die einzelnen Steine im 90°-Winkel treffen. Der Randanschluss kann mit Sondersteinen wie Bischofsmützen oder Dreiecksteinen erfolgen. Er wird oft nur mit vor Ort geschnittenen Steinen ausgeführt oder auch in einer Kombination von halben und angeschnittenen Pflasterziegeln.

Ob klein- oder großflächig, als Zierstreifen, auf Wegen, Straßen oder über ganze Plätze: Die Struktur von Fischgrät ist unverwechselbar und beinahe überall einsetzbar.

Ellbogenverband kann unterschiedliche Formen annehmen, während Mittelsteinverband (untere Skizze) stets an rechteckige Flächen gebunden ist.

Der Ellbogen- oder Mauerverband ist eine Abwandlung des Fischgrätverbands, wobei die Steine abwechselnd im rechten Winkel und parallel zur Wege-, Straßen- und Gebäudekante verlaufen. An den Anschlussstellen sind Halbsteine notwendig.

Der Mittelsteinverband ist eine hybride Verbandsart, die Ähnlichkeiten zum Läufer- und Blockverband aufweist, je nachdem in welcher Größenordung er ausgeführt wird. Beim Mittelsteinverband werden um einen Mittelstein spiralartig Pflasterreihen im Läuferverband verlegt. Der Verband kann beliebig groß ausgeführt werden, entweder als sich wiederholendes kleinteiliges Muster oder als eine große Schnecke. Der Mittelstein oder einzelne andere Steine können farblich abgesetzt oder schlicht und zurückhaltend sein. Die in England gebräuchliche Bezeichnung für diese Verlegeart, Spanischer Verband, weist auf den Ursprung des Musters hin: In Andalusien sind viele Höfe im Mittelsteinverband gepflastert. Dieses Verlegemuster wirkt am besten bei größeren geometrischen Flächen wie Terrassen und Innenhöfen, die nicht befahren werden. Eine dekorative Variante ist ein bunter Steinzeugpflasterstein als Mittelstein, der wie eine Überlagerung der Fläche wirkt.

Der Kreuzverband ist, wie auch viele andere einfach aussehende Verlegearten, alles andere als leicht auszuführen. Wie er wirkt, hängt von den regelmäßigen gleich großen Steinen ab, die mit gleich großen Fugen im gerade verlaufenden Raster verlegt werden. Jede Ungenauigkeit, jede Abweichung von der Linie ist sichtbar. Daher ist es vernünftig, ihn nicht über große Flächen auszuführen, es sei denn, man beauftragt einen hervorragenden Pflasterer. Der Verband ist mit rechteckigen oder quadratischen Steinen möglich, die entweder flach oder hochkant verlegt werden. Er eignet sich nur für befestigte Flächen mit schwacher Belastung. Architekten lieben den Verband aufgund seiner klaren Sachlichkeit.

Der Block- oder Parkettverband bietet die meisten Variationsmöglichkeiten. Ausgehend vom Grundprinzip, dem Bündeln von quer und längs verlegten Pflastersteinen, müssen nur die Seitenlängen der einzelnen Bündel aufeinander abgestimmt sein, sodass sie genau aneinanderpassen. Man verwendet gleich große Pflasterziegel, die entweder flach oder hochkant verlegt werden. Eine Mischung ist zu vermeiden. Der klassische Blockverband besteht aus Bündeln von zwei Längs- neben zwei Quersteinen, die sich bei jeder Reihe um einen Block verschieben. Der Verband eignet sich hervorragend für kleine und große Flächen mit geringer Belastung wie Wege, Sitzplätze und Terrassen.

Der Schachverband ist eine Abwandlung vom reinen Kreuz- und Blockverband, wobei die Steine jeweils in einer Richtung und einer anderen Farbe verlegt werden, um ein Schachbrett nachzuahmen. Der Verband war in den 1970er- und 1980er-Jahren sehr beliebt, wird aber heute seltener ausgeführt.

Der Flechtverband ist eine sehr dekorative Verbandsart für Terrassen und Plätze, die wie Flechtwerk wirkt. Abwechselnd werden zwei Steine quer und zwei Steine längs nebeneinander verlegt. Die Reihen werden um einen Block verschoben und die Zwischenräume mit einem Halbstein gefüllt. Für einen stärkeren Effekt kann man die Anzahl der Steine verdoppeln oder einen andersfarbigen Stein für eine »Flechtrichtung« einführen. Da dieses Pflaster aus Kreuzfugen besteht, ist es wenig

Blockverband im Vergleich: Die Muster, ob als Streifen oder flächig ausgeführt, sollten immer durch eine einzelne Pflasterreihe eingefasst sein. Ganz unten: Eine kleinteilige Variante des Mittelsteinverbands.

Die zahlreichen Verlegearten ermöglichen viele Kombinationen. Für eine harmonische Wirkung ist es jedoch wichtig, einheitliche Farben und Größen zu wählen.

belastbar und eignet sich nur für Terrassen. Dieses Ornamentpflaster sollte nach Möglichkeit von den oberen Hausetagen sichtbar sein und nicht durch Mobiliar verstellt werden.

Farbtupfer

Inspiriert von andalusischen Innenhöfen, in denen Ziegelflächen gekonnt durch farbige Fliesen aufgelockert werden, hat die Keramikwerkstatt Dorrmann-Wassermann eigens für die Kombination mit Pflasterziegeln frostsichere würfelartige Steinzeug-Mosaiksteine mit glasierter Oberfläche entwickelt. Die 58 x 58 mm großen und 54 mm dicken Steine betragen ein Achtel der Oberfläche – zuzüglich Fugen – eines 24 x 118 mm großen Pflasterklinkers. Die bei 1 280° C gebrannten Steine werden von der Gottfried Klinkerwerke GmbH hergestellt und unterschiedlichen Tests unterzogen, um ihre Eignung für den Außenraum zu prüfen. Die Mosaiksteine bieten sich an zur Pflasterung von Wegen, Terrassen, Sitzplätzen und Innenhöfen mit geringer Verkehrsbelastung, aber nicht für ständig befahrene Flächen. Lieferbar in Blau, Schwarz, Gelb, Beige und Grün, eignen sich die Steine als punktuelle Farbtupfer in Mittelstein-, Flecht-, und Blockverband. Besonders wirkungsvoll ist eine rasterartige Überlagerung.

Während diese Steine als Teil der Gesamtfläche verlegt werden, gibt es andere Steine, die erst nachträglich eingebaut werden. Diese Keramiksteine oder Keramik-Hohlstein-Würfel sind, wie der Name schon sagt, entweder Hohlsteine oder haben empfindliche Glasuren, die durch ein Abrütteln der Fläche schnell beschädigt werden. Aufgrund ihrer glatten Oberfläche sind die Steine nur punktuell und keinesfalls flächendeckend einzusetzen.

Linke Seite: Trittplatten im Blockverband passen zwischen Pflanzbeete, zu Rasen, aber auch zu Kies.

Die quadratischen Steinzeug-Mosaiksteine verleihen der Fläche exotischen Charakter und unterstreichen den Flechtverband.

Der flächendeckende Blockverband liegt wie ein fein bearbeitetes Muster über der großzügigen Terrasse, ist aber in keiner Weise dominant oder aufdringlich, sondern zurückhaltend und zweckmäßig.

Beton – ein Werkstein, zwei Seiten

Wer nur die gewöhnlichen Betonsteine kennt, wird überrascht sein, was mit diesem Material möglich ist. Das Spektrum reicht vom extravaganten bis zum schlichten Design.

Während Hochbauarchitekten die Qualität von Beton als zeitgemäßes Material längst erkannt haben, leiden Betonbeläge im Garten noch immer unter dem Image einer Billig- oder Ersatzware. Allein wegen ihres Produktionsvolumens dominieren Betonplatten und -pflastersteine den Markt mit einem großen Angebot an Formaten, Farben und unterschiedlichen Oberflächen.

Im Vergleich zu allen anderen Baustoffen ist Beton am stärksten dem Zeitgeschmack ausgesetzt. Da der Wunderwerkstoff in den 1970er-Jahren bei nahezu allen öffentlichen und auch zahlreichen privaten Bauvorhaben zum Einsatz kam – kaum eine Gemeinde oder Außenanlage blieb verschont von Betonbodenbelägen –, verband man den Baustoff mit Massenware und Anonymität. Als in den 1980er-Jahren die Rückbesinnung auf natürliche Werkstoffe wie Naturstein- und Klinkerpflaster einsetzte, waren Betonbeläge weniger gefragt. Die Betonindustrie versuchte, dem Käuferwunsch mit einer Vielzahl von Naturstein-Nachahmungen in Format, Farbe und Oberflächenbehandlung entgegenzukommen. Doch trotz aller Bemühungen verlor Beton als Material für den Garten an Bedeutung. Betonplatten und -pflastersteine galten eher als Notlösung statt als Material erster Wahl. Dieser Ruf liegt nicht allein an der Produktauswahl der Baumärkte, sondern vielmehr an der Verwendung des Baustoffes im Garten. Intarsienarbeiten, farbige Spielereien oder organische Konturen führen dazu, dass viele Betonflächen zu dominant wirken und dadurch

Pflanzungen und befestigte Flächen sollten nicht miteinander konkurrieren. Gehwegplatten sind eine zurückhaltende, edle Lösung bei üppiger Vegetation.

das Gleichgewicht der Anlage kippen. Derartige Belagsgestaltungen nehmen meist kaum Bezug zu den Gebäuden, zur Umgebung oder Bepflanzung und erscheinen daher oft deplatziert und plump. Auf der Suche nach Individualität werden die spezifischen Qualitäten und Vorteile von Betonbelägen oft ignoriert. Das Material wird durch falsche Verwendung entwertet und kann seine Wirkung nicht voll entfalten. Und gerade bei Beton ist eine einfache Gestaltung die bessere Gestaltung. Die Fotos zeigen, dass Betonflächen stilvoll, edel und sogar elegant sein können – eine ganz andere und bisher unterschätzte Seite von Beton. Aus der Vielzahl an Betonprodukten, die ständig erweitert und ergänzt werden, ist es sowohl für Laien als auch für Planer schwierig, das richtige Material für die individuelle Situation auszuwählen. Baumärkte bieten in der Regel nur einige »Bestseller« an, Gartenzeitschriften haben eine Vorliebe für das Bunte und Besondere, und »Do-it-yourself«-Bücher konzentrieren sich auf die Ausführung.

Wo aber sonst kann man Anregungen finden? Das Internet liefert zahlreiche Informationen. Auf der Suche nach Betonbelägen reicht es aber nicht, nur die Beispiele für den Privatgarten anzuklicken, sondern man sollte auch die Seiten für Planer und Architekten durchforsten. Die abgebildeten Fußgängerzonen und Außenanlagen von Bürokomplexen zeigen Betonplatten und -pflaster als eleganten, sachlichen, ja sogar kostbaren Belag.

Klare, großzügige und minimalistische Linien sind heute in der Architektur gefragt, und innovative Baustoffe setzen neue Maßstäbe. Beton erlebt eine Renaissance, nicht als »Möchtegern-Naturstein«, sondern als eigenständiges, qualitätsvolles Material mit berechtigtem Platz in der Gestaltung. Die Dimensionen in öffentlichen und halböffentlichen Räumen mögen andere sein, aber die Prinzipien lassen sich durchaus in den Freiraum übertragen. Sowohl im Haus als auch im Garten sind heute großzügige, offene multifunktionale Flächen gefragt. Funktionsbereiche fließen ineinander über, Innen- und Außenraum verschmelzen, und der Bodenbelag gilt als wichtiges Bindeglied.

Maßgebend für die Eigenschaften von Beton sind Körnung, Textur und Oberflächenbehandlung. Da es sich um einen Kunststein handelt, sind alle diese Attribute in einheitlicher Qualität und beliebigen Mengen steuerbar. Die Grundbestandteile von Beton, die sich seit der Römerzeit kaum geändert haben, sind 80 Prozent Natursteinkörner, gebunden mit Wasser und Kalksteinmehl (Zement) – in der Regel weißer Portlandzement. Beton kann vor Ort als sogenannter Ortbeton gemischt und aufgetragen, als Fertigmasse geliefert und eingebaut oder, wie die meisten Betonprodukte für den Gartenbau, in der Fabrik unter kontrollierten Bedingungen hergestellt werden. Die Gütequalität von Betonpflaster legt die DIN EN 1338 (alt DIN 18501) und für Betonplatten die DIN EN 1339 fest. Die Normen dienen als sehr wichtige Qualitätskontrolle, denn theoretisch kann jeder Betonplatten herstellen, aber nur Profis können die Gütequalität garantieren. Die Größe der Körner – fein, mittel oder grobkörnig – bestimmt die Dichte des Steins, während die Farbe – gräulich bis Beige – von der Zusammensetzung und dem Farbspiel der Natursteinkörner abhängt. Eine ausgeprägte Farbe entsteht entweder durch Beimischung

Große Betonplatten werden oft an Ort und Stelle gegossen. Gerade bei diesen Plattenmaßen spielt die gelungene Kombination mit der Bepflanzung und dem Mobiliar eine wichtige Rolle.

Der einfache Plattenweg wird durch die Rollschichteinfassung zu etwas Besonderem. Seine Wirkung ist im Einklang mit dem Gartenstil.

Bei modernen Gärten werden großzügige Lösungen mit selbstverständlicher Bescheidenheit gesucht. Hier kommt Beton mit all seinen Vorteilen zum Einsatz.

von Farbpigmenten oder einfache Oberflächeneinfärbung. Es ist Teil des Alterungs- und Verwitterungsprozesses, dass vor allem buntgefärbte Betonbeläge mit der Zeit verblassen. Die Farben werden schwächer, bleichen aus, und ein ehemals kräftiges Rot wird zu Rosa. Alle Oberflächenbehandlungen, die bei Naturstein angewendet werden, gelten auch für Betonbeläge (siehe Seiten 72/73). Sie verleihen den Platten und Steinen einen individuellen Charakter und erhöhen die Griffigkeit.

Betonplatten für Wege und Terrassen

In den letzten Jahren ist eine interessante und spannende Entwicklung der traditionellen Betongartenplatten zu beobachten. Zusätzlich zu den bekannten rechteckigen und quadratischen Formaten gibt es neue, großformatige Platten, die in der Regel nur auf Bestellung erhältlich sind. Somit reichen die Formate von 300 x 300 mm bis 900 x 900 mm einschließlich sämtlicher Zwischengrößen in Dicken von 50 bis 140 mm. Der Kunde kann aus einem breiten Spektrum von Oberflächen wählen, unter anderem glatt, stockrauh oder kugelgestrahlt. Die Kanten können scharfkantig oder gefast sein. Bei der Auswahl des Steins sollte man nie allein von Abbildungen ausgehen, sondern Musterplatten und Musterflächen begutachten, um einen richtigen Eindruck zu gewinnen. Trittsicher und rutschfest, bilden gerade die größeren Platten imponierende Flächen, die im Vorgarten moderner Wohnhäuser oder auf großzügigen Terrassen besonders beeindrucken. Durch die Einführung von bis zu 140 mm dicken Platten haben sich die Verwendungsmöglichkeiten von Betonplatten erheblich erweitert.

Die enorme Vielfalt an Oberflächenbehandlungen hebt Betonplatten von anderen Materialien ab. Manche sind so aufwändig, dass sie den Ruf vom billigen und schnell herzustellenden Belag widerlegen. Die Oberflächenstrukturen reichen von glatt bis gerumpelt, gestockt, scharriert, geschliffen, sandgestrahlt oder ausgewaschen, um die Gesteinsstruktur sichtbar zu machen. Neben diesen Methoden der Oberflächenbearbeitung gibt es andere Möglichkeiten zur Oberflächengestaltung: Bei Vorsatzsteinen beispielsweise wird Gesteinsmaterial wie Granit- oder Basaltsplitt in die Oberfläche gepresst, wodurch die Betonflächen in ihrer Farbe und Struktur Natursteinen ähneln. Klassische rechteckige Formate, verlegt im Läufer-, Kreuz- oder Diagonalverband, wirken neutral. Der Belag ist nicht dominant, sondern zweckmäßig, und verträgt die Nachbarschaft einer aufwändigen Pflanzung ebenso gut wie einer schlichten. Die traditionellen grauen Gehwegplatten (300 x 300 oder 350 x 350 mm) haben sich ihren Platz im Garten erhalten, entweder flächendeckend als Trittplatten, umrahmt von Kies, im Rasen, im Viererblock oder einzeln in Klinkerflächen. Neben den bekannten Rasterformaten von Betonplatten bietet der Markt auch andere Formen an, vor allem ovale und elliptische, die neue Möglichkeiten bieten. Entweder als einzelne Steine oder in Verlegesätzen erhältlich, wirken diese dominanten Formen am besten allein, als Mittelpunkt einer übergeordneten Gestaltung.

Ob günstige Stangenware (oben) oder teure Sonderanfertigung von Marshalls (unten): Die Gestaltung entscheidet wie das Material wirkt.

Betonpflastersteine

Aus dem zweckmäßigen, einfachen Industriestein für Werkshofpflasterung hat sich mittlerweile eine breite Produktpalette entwickelt. Das Spektrum an Betonpflastersteinen ist enorm und reicht von rechteckigen bis zu quadratischen Formaten in Größen von 100 bis 300 mm einschließlich einer Vielzahl von Sondergrößen und Passstücken. Zählt man auch die Variationen in Farbe und Oberflächenbehandlung dazu, ist die Auswahl beeindruckend. Es werden aber auch viele Nachahmungen unterschiedlicher Qualität angeboten. Zwischen Natursteinpflaster- oder Pflasterziegelersatzsteinen und klassischen Betonpflastersteinen mit ihren ruhigen Oberflächen und gleichmäßigen Kanten liegen Welten.

Aufgrund der regelmäßigen Formate des Pflasters eignen sich am besten alle Varianten der Reihen- und Blockverbände. Wie bei Pflasterziegel, kann man je nach Belastungsgrad und Flächengröße zwischen Läufer-, Kreuz-, Fischgrät-, Mittelstein- und Blockverbänden wählen (siehe Seite 104ff.). Zunehmend werden mehr Verlegesätze mit entsprechenden Pass- und Ansatzstücken angeboten, um das Zuschneiden der Steine zu minimieren. Hier ist es wichtig, die Maße der befestigten Fläche, sei es ein Weg oder eine Terrasse, nach dem Verlegesatz zu richten und nicht umgekehrt. Obwohl es immer wieder versucht wird, ist das Verlegen von präzisen, rechteckigen Betonsteinen in Bögen und Kreisen problematisch. Je geringer der Radius, desto breiter und keilförmiger werden die Fugen, was die Stabilität und Lastübertragung der Fläche ebenso wie die Gehfreundlichkeit beeinträchtigt. Wesentlich besser ist die Verlegung in Reihen, bei der sich die Vorzüge des würfelartigen Materials zeigen und es einen stabilen Verband bildet.

Umwelt- und Ökopflaster

Im Bereich Umwelt- oder Ökopflaster werden zunehmend mehr Produkte angeboten – Steine die entweder durch größere Aussparungen und Fugen oder durch größere Poren im Stein das Oberflächenwasser durchsickern lassen. Die Grundvoraussetzung ist ein fachgerechter versickerungsfähiger Ober- und Unterbau und ein ausreichendes Gefälle. Umweltpflaster ist besonders wertvoll für die Befestigung von Stellplätzen und Garagenzufahrten.

Gerade bei Beton kann ein Materialmix schnell kitschig wirken, was aber bei diesen durchdachten Kombinationen nicht der Fall ist. Unten: Betonbordsteine mit Kiesfugen. Linke Seite: Betonplatten und Betonpflaster.

Bodenbeläge aus Holz – rustikal bis elegant

Holzdecks werden sofort mit Wasser assoziiert, kein anderer Belag vermittelt das Gefühl von Sonne, Urlaub und Ferne so gut.

Für eine preisgünstige und schnell herzustellende befestigte Fläche ist Holz der bevorzugte Bodenbelag vieler Gartenbesitzer. Dass Holz immer beliebter wird, liegt unter anderem an der breiten Palette von Holzprodukten, die im Baumarkt, Gartencenter oder sogar im Supermarkt in großen Mengen erhältlich ist. Zählt man die verführerisch einfache Ausführung hinzu, die innerhalb der Fähigkeiten der meisten Hobbyheimwerker liegt, so verwundert es nicht, dass Holz in fast jedem Garten zu finden ist. Wie auch bei den anderen Belagsarten hat sich der Einsatz von Holz regional entwickelt. In stark bewaldeten Gebieten oder im Gebirge war Holz der gebräuchlichste Baustoff und wurde ohne großen gestalterischen Aufwand, aber in Kenntnis der Materialeigenschaften verwendet. Es war naheliegend, die geschützte Traufzone mit Holzplanken zu decken, ein Holzdeck als Terrasse vor dem Blockhaus oder einen Holzsteg zum Bootshaus zu bauen. Wege in Bauerngärten legte man provisorisch mit Holzplanken aus, und schon sehr früh bedeckte man Pfade in schattigen Zonen und Waldpartien mit selbst erzeugtem Holzhäcksel. Man wusste um die Haltbarkeit des Materials, besaß die handwerklichen Kenntnisse und, noch wichtiger, man hatte stets Material auf Lager, um die holzbedeckten Flächen oder Wege zu erneuern. Aus diesem einfachen, bescheidenen und vor allem zweckmäßigen Ursprung hat sich die heutige Holzindustrie entwickelt. Egal in welcher Form: Holz weckt romantische Assoziationen von dunklen Wäldern und stillen Seen.

Die Holztreppe scheint über dem Waldgarten zu schweben und passt zum schattigen, fast tropischen Ambiente.

Rechte Seite: Aufgrund der geringen Bauhöhe ist die Auswahl an Belägen für Balkone und Dachterrassen gering. Holzdecks, hier mit geriffelter Oberfläche für bessere Griffigkeit, sind eine ideale Lösung.

In Naturgärten fügt sich Holz hervorragend ein und kann je nach Umgebung und Materialform völlig unterschiedlich wirken. Planer begeistern die klaren Linien von Holzdecks, sie passen perfekt zu linearer minimalistischer Architektur.

Holzarten und Holzschutz

Wer Holz als Bodenbelag verwendet, muss damit rechnen, dass es nur eine begrenzte Lebensdauer hat und im Laufe der Jahre ersetzt werden muss. Letzteres ist der Preis, den man für den verhältnismäßig günstigen Bodenbelag in Kauf nehmen muss. Sobald Holz dem Wetter, dem Bodenkontakt und der Nutzung ausgesetzt ist, beginnt es zu verwittern. Risse, Fäulnis und schließlich Pilzbefall sind die Folge. Wie schnell der Abbauprozess voranschreitet, hängt von der Holzart ab. Je dichter das Holz, desto langsamer der Abbau. Harthölzer würden sich am besten für eine Verwendung im Freien eignen, werden aber nur selten als Bodenbelag eingesetzt. Der Grund liegt nicht allein im Preis – heimische Harthölzer wie Eiche sind teuer im Vergleich zu den gängigen Weichhölzern und auch nur in kleinen Mengen erhältlich –, sondern auch an der weit verbreiteten Meinung, dass solche Hölzer zu kostbar seien, um auf den Boden gelegt zu werden. Eiche kommt zwar selten als Bodenbelag zum Einsatz, besitzt aber viele Qualitäten. Besonders im Alter, wenn das Holz zu einem edlen Silbergrau verwittert, ist es wunderschön. Während früher die Tropen als billige und fast unerschöpfliche Quelle von Hartholz wie Teak, Bongossi und Bangkirai galten, ist man sich heute der Konsequenzen bewusst, die das Abholzen von Regenwäldern verursacht. Dort, wo eine heimische Holzart die erforderlichen Kriterien erfüllt, ist diese stets vorzuziehen. In manchen, insbesondere exponierten Lagen, die ausgesprochen witterungsfestes, dauerhaftes Holz nötig machen, können die Vorteile von tropischen Harthölzern nicht ignoriert werden. In einem solchen Fall sollte ausschließlich Holz von streng kontrollierten Plantagen verwendet werden. Dort werden Bäume gezielt gefällt und nachgepflanzt. Diese Hölzer haben eine dichte Struktur und eine satte, rostbraune bis dunkelbraune Farbe, die mit der Zeit nachdunkelt.

Nur sehr wenige Weichhölzer kommen als Belag für den Garten infrage: heimische Nadelhölzer wie Kiefer, Fichte und Tanne sowie zu einem kleineren Anteil Lärche und importierte Weichhölzer wie Douglasie, Western Red Cedar, Redwood, Weimouth-Kiefer und Western Hemlock. Während bei anderen Belagsarten unterschiedliche Farben zur Auswahl stehen, gibt es Holz nur in verschiedenen Brauntönen, von herbst- bis gelbbraun. Unter den Witterungseinflüssen verblassen die meisten Hölzer. Tanne zum Beispiel wird silbergrau, die gelbliche Kiefer hellbraun. Lärche ist dunkler als Kiefer und besitzt rotbraunes Kernholz. Sie schwitzt im Freien Harz aus, das einen Schutz vor Verwitterung bildet. Leider wird Lärche weniger angebaut als Fichte oder Tanne, obwohl ihr Holz qualitativ zwischen Sommereiche und Kiefernholz liegt und vor allem im Freien eine breitere Verwendung finden könnte. Douglasie ist harzreich, das Kernholz markant rotbraun gestreift, und bei fachgerechter Trocknung schwindet es kaum. Redwood, auch unter dem lateinischen Namen Sequoia bekannt, wird oft für Holzdecks verwendet, seine Farbe ist rotbraun. Western Red Cedar hat einen stark aromatischen Geruch, ist von rotbrauner Farbe, die zu silbergrau verwittert, und wird hauptsächlich zum Bau von Holzdecks genutzt. Auch Robinie wird vereinzelt für Decks im Freien verwendet. Die eher schmalen Holzbretter des Kernholzes sind von gelbbrauner oder grüngelber Farbe, gelegentlich auch geflammt oder gestreift.

Neben der Holzart, spielt auch der Holzschnitt eine Rolle. Kern- und Reifholz ist dauerhafter als Splintholz, das wie ein Mantel direkt unter der Rinde das Kernholz umgibt. Holz mittleren Alters ist haltbarer als junges oder altes Holz. Kaum ein Gartenbesitzer ist Experte in solchen Fragen und ist somit auf die Fachkenntnisse des Baustoffhandels angewiesen. Um die Lebensdauer von Holz im Freiraum zu verlängern, sind Maßnahmen wie die Verwendung von Holzschutzmitteln notwendig, hauptsächlich Kesseldruckimprägnierung. Es ist ratsam, umweltverträgliche Holzschutzmittel zu verwenden, da die giftigen Bestandteile mancher Mittel direkt in den Boden oder das Grundwasser gelangen. Für Eiche und tropische Hölzer sind Holzschutzmittel nicht erforderlich.

Egal welches Holz verwendet wird, eine fachgerechte Konstruktion entscheidet über die Dauerhaftigkeit des Materials. Unter

Das Angebot an Holzdecks ist groß, dennoch gibt es nur wenige gute Gestaltungsbeispiele, die den Stil von Haus und Garten berücksichtigen. Die umlaufende Traufe (rechte Seite) scheint aus dem Haus zu wachsen und passt zur Architektur. Auch die Terrassen (links) haben die richtige Proportion zu den Gebäuden.

konstruktivem Holzschutz versteht man die fachgerechte Ausführung, die unter anderem das schnelle Abfließen von Wasser ermöglicht, sowie die Vermeidung von ständigem Bodenkontakt und die Berücksichtigung von Schwankungen in der Temperatur. Da Holzbeläge im Garten diesen Faktoren tagtäglich ausgesetzt sind, ist eine fachgerechte Bauweise notwendig.

Holzbeläge schwinden bei Trockenheit und schwellen an bei Feuchtigkeit. Holzdecks und Bohlen sollten deshalb nie rundherum mit einer starren, unflexiblen Einfassung aus Stahl oder Stein versehen werden. Entweder man verzichtet ganz darauf oder hält zwei Seiten offen. Eine freie Konstruktion oder ein versickerungsfähiger Ober- und Unterbau helfen, die Lebensdauer zu verlängern. Trotzdem werden Holzbeläge nie das Alter von Naturstein- oder Klinkerflächen erreichen. Richtwerte zur Haltbarkeit der verschiedenen Holzarten im Freien ohne Behandlung, aber mit fachgerechtem konstruktivem Holzschutz, können der nachfolgenden Liste entnommen werden:

- Europäische Eiche: 50 bis 75 Jahre
- Lärche: 20 bis 30 Jahre
- Robinie: 15 bis 25 Jahre
- Western Red Cedar: 15 bis 25 Jahre
- Fichte und Douglasie: 10 bis 25 Jahre
- Tanne: 5 bis 15 Jahre

Form und Verwendung

Das Format und die Bearbeitung des Materials bestimmen den spezifischen Einsatz von Holz. Es gibt zwei Gruppen von Holzbelägen:

- Gesägte und gehobelte Bretter und Bohlen, errichtet auf einer Unterkonstruktion. Zu dieser Gruppe zählen Holzdecks und Roste.
- Abfallprodukte, zu denen Holzhäcksel und Rundholzstämme mit direktem Bodenkontakt gehören.

Während sich Holzdecks sowohl in eine bebaute als auch ländliche Umgebung einfügen, eignen sich die anderen Holzbeläge vorwiegend für natürliche Bereiche. Mit Ausnahme von Kantholzpflaster sind Holzbeläge absolut ungeeignet für befahrbare Flächen.

Holzdecks

Ursprünglich als einfacher, selbstverständlicher und zweckmäßiger Belag gesehen, werden Holzdecks mittlerweile als architektonische Elemente gesehen. Die besten Decks zeichnen sich aus durch klare lineare Führung und bündige Übergänge vom Innen- zum Außenraum. Leider weisen Holzdecks mittlerweile zunehmend merkwürdige Formen auf, die stark von der einfachen Grundform eines Holzstegs abweichen. Solche Decklandschaften über mehrere Ebenen und mit geschnörkeltem Geländer wirken wie Fremdkörper. In englischen Wohnsiedlungen trifft man zunehmend auf diese pflegeleichten, billigen, schnell zu realisierenden Flächen. Holzdecks sind aber mehr als nur preisgünstige Massenware, die in allen Baumärkten erhältlich ist. Richtig geplant und ausgeführt, bereichern sie jeden Garten und bieten einen fußfreundlichen Belag, den die Sonne schnell erwärmt. Strenge, großzügige rechteckige Flächen und geradlinige Holzwege passen besser zum Format der Bretter. Sie erinnern an Sonnendecks auf Kreuzfahrtschiffen oder an scheinbar endlose Stege am Meer oder an Seen. Geschwungene Formen widersprechen der Natur des Materials. Für Geländer empfehle ich, sich an die einfache Formensprache der Marinearchitektur zu halten. Wie bei allen Holzbelägen besteht auch bei Holzdecks Rutschgefahr, wenn sie nass sind. Geriffelte Oberflächen und die Verwendung von schmalen Brettern erhöhen die Griffigkeit.

Eine fachgerechte Konstruktion ist unabdingbar. Insbesondere bei Holzdecks am Wasser zahlt sich eine gute Bauweise aus, an der man nicht sparen sollte. Größere Projekte sollte ein Fachmann planen, ein Statiker berechnen und ein Experte ausführen.

Die Gestaltung ergibt sich aus der Konstruktion. Hierbei sind die Breite der Bretter (5 bis 15 cm) und Details wie gleichmäßige Fugenbreiten zu beachten. Die Fugen (5 bis höchstens 10 mm) sind immer in Proportion zur Brettbreite zu halten. Dieser Rhythmus bestimmt die Optik des Decks. Um Stolperstellen zu vermeiden, sollten Schraubenköpfe versenkt werden und bündig mit der Oberfläche abschließen. Für den Fachmann sind solche Punkte selbstverständlich, für den Laien aber nicht. Hierin liegt der Grund für viele unsachgemäße und schließlich optisch unbefriedigende Flächen aus Holz.

Die klassischen Verlegearten wirken am besten. Klar und neutral, sind sie ganz im Einklang mit dem Material. Der Schiffsverband

Auch wenn Holzbretter seit Jahrhunderten als temporäre Wege im Nutzgarten zum Einsatz kommen, eignen sie sich nicht als dauerhafter Bodenbelag.

Rechte Seite: Gebrauchte Bahnschwellen mögen nahezu unverwüstlich sein, sind im Garten dennoch nur mit Vorbehalt zu verwenden.

mit schmalen, länglichen fortlaufenden Brettern und gleich langen Brettern nebeneinander verlegt, ist kaum zu übertreffen. Parkettähnliche Muster wirken deplaziert. Diagonal-, Fischgrät- oder Ellbogenverband, die sich für Pflasterziegelflächen eignen, wirken bei Holzbelägen sehr dominant und fügen sich nur schwer in den Garten ein, es sei denn, die Architektur oder der Garten selbst sind ruhig und zurückhaltend gestaltet. In diesem Fall könnten die genannten Verbände das Grundstück optisch bereichern. Wie bei allen anderen Belagsformen lautet auch bei Holz die Regel: Je üppiger die Umgebung, desto ruhiger und zurückhaltender sollte die Bodengestaltung sein.

Holzroste

Da sie sich einfach und in kurzer Zeit verlegen lassen, eignen sich Holzroste vorwiegend für kleine Flächen mit beschränkter Konstruktionshöhe wie Balkone, als schnell zu realisierende Wege zwischen Pflanzbeeten oder über Rasenflächen. Die vorgefertigten Module, hauptsächlich aus Kiefern- und Fichtenholz, werden auf einer einfachen Holzunterkonstruktion befestigt. Abstandshalter zwischen den Modulen sichern einen gleichmäßigen Fugenabstand. Die Größe der einzelnen Holzroste variiert von Hersteller zu Hersteller. Es gibt sie quadratisch in 60 x 60 cm oder 120 x 120 cm und rechteckig von 50 bis 150 cm und in sämtlichen Zwischengrößen. Der Fachhandel bietet darüber hinaus auch diagonale,

rautenförmige Module an in Größen von 50 x 50 cm sowie einen Quadratmeter große Holzroste mit geriffelter Oberfläche, die eine bessere Griffigkeit aufweisen. Üblicherweise wird eine Größe durchgehend verwendet. Die Module können in einer linearen Richtung oder im Schachbrettmuster verlegt werden. Schmale Beetroste in 30 x 180 cm sind ideal für Nutz- oder Hühnergärten, da sie ohne großen Aufwand auch an einen anderen Ort gelegt werden können.

Gartenschauen stellen oft neuartige, extreme Ideen vor, die Trends setzen. In den Privatgarten sind sie aber oft nur bedingt übertragbar.

Holzbretter und Bahnschwellen

Galten Holzbretter ursprünglich als billiger, provisorischer und zweckmäßiger Belag ohne jeglichen optischen Anspruch, sind sie mittlerweile zum beliebten Gestaltungselement geworden. Auf der Suche nach neuen interessanten Belagsformen kommen Holzbretter zunehmend als Wege- und Platzbelag auch in Kombination mit anderem Material wie Kies und Holzhäcksel zum Einsatz. Vor allem die avantgardistischen Gartenschauen entdeckten das Material mit seinen starken linearen Motiven für sich. Oft werden Holzbretter aus dem Sperrmüll oder Restware von Bauholz verwendet. Auch wenn der Recyclinggedanke dabei im Prinzip lobenswert ist, ist solches Material mit Vorsicht zu verwenden, da es nicht die Qualitätsanforderung an Holz für den Außenraum besitzt und nur eine kurze Lebensdauer hat. Da es sich meist um Weichhölzer handelt, fault das Material schnell, wenn es Feuchtigkeit und Nutzung ausgesetzt ist.
Im Gegensatz zu den gehobelten Brettern, die man für Holzdecks verwendet, sind diese Bretter in der Regel sägerau und weder grifffest noch splitterfrei. Aus diesen Gründen ist ihre Verwendung nicht zu empfehlen.

Als Alternative bieten sich neue, kesseldruckimprägnierte Bahnschwellen an. Aufgrund ihrer massiven Querschnitte von 16 x 24 cm (26 cm) oder 18 x 24 cm (26 cm) und Längen von 100 cm und mehr eignen sie sich für den Einsatz im Garten. Flächig, mit engen Fugen oder in regelmäßigen Abständen verlegt, wirken sie besonders als Wege- oder Platzbelag sowie als Treppenstufen in Kombination mit einer lockeren Deckschicht wie Kies. Von gebrauchten Bahnschwellen, die in den 1970ern und 1980ern in vielen Gärten zu sehen waren, ist abzuraten. Die Auswirkungen der gesundheitsschädlichen Teerimprägnierung und die problematische Entsorgung des Materials sind mittlerweile bekannt und schränken den Einsatz ein.

Rundholzpflaster

Wie viele andere Belagsarten auch, hat sich Rundholzpflaster aus einfachen Prinzipien entwickelt. Was könnte leichter sein, als einen Baumstamm in gleichmäßige Stücke zu sägen und die größeren Scheiben als Trittplatten, die kleinen eng an eng als Weg oder Platz zu verlegen? Wer keinen Wald besitzt, kann die vorgefertigten Rundhölzer aus entrindeten und maschinell weißgeschälten Nadelhölzern in Stammabschnitten von 10, 15 oder 20 cm und Durchmessern zwischen 6 und 25 cm sowie weiteren Sondergrößen auf Anfrage kaufen. Rundhölzer werden entweder durchgehend in einer Größe gepflastert oder, um einen lebhaften Effekt zu erzielen, in unterschiedlichen Durchmessern. Entsprechend der Form des Materials wirken organische, fließende Flächen am besten.

Die Ausführung von Rundholzflächen und -wegen erfolgt wie bei anderen Pflasterungen. Das Pflaster ist mit Gefälle zu verlegen, um stehende Nässe zu vermeiden. Je nach Standort beträgt die Lebensdauer etwa zehn Jahre. Traditionell sind Rundholzpflaster in Schattengärten, Farngärten, Rhododendrenwäldchen oder anderen naturnahen Bereichen zu finden. Seit einigen Jahren kommen sie aber auch in Trocken- und Kiesgärten zum Einsatz. Ein deutlicher Nachteil des Rundholzpflasters ist neben seiner dominanten optischen Wirkung die Rutschgefahr bei Nässe und die, trotz Kesseldruckimprägnierung, kurze Lebensdauer des Materials. An waldigen Standorten lässt sich stehende Nässe kaum vermeiden und kann nur durch einen wasserdurchlässigen Unterbau und Gefälle reduziert werden.

Kantholzpflaster

In den letzten Jahren in Vergessenheit geraten, ist Kantholzpflaster der einzige Holzbelag, der befahren werden kann. Ende des 19. Jahrhunderts kam Kantholzpflaster erstmals als lärmdämpfender Straßenbelag zum Einsatz. Heute findet man das Pflaster nur noch vereinzelt in Hofeinfahrten von Werkstätten und Industriehallen aus der Gründerzeit. Kantholzpflaster aus sägerauem Kiefer-, Fichten- oder Eichenholz ist von wesentlich höherer

Nicht in schattigen Bereichen, sondern in Trockengärten kommt das beliebte Rundholzpflaster wieder häufiger zum Einsatz.

Kantholzpflaster, bekannt aus Werkshöfen und als Straßenpflaster vom Ende des 19. Jahrhunderts, gibt es immer seltener, obwohl es eine stabile und schöne Fläche bildet.

Rinden- und Holzhäckselbelag eignet sich hervorragend für Schatten- oder Waldgärten. Aber auch zur formalen Umgebung eines Parterres (rechte Seite) passt die leicht federnde Decke, wenn die Flächen klein und eingefasst sind.

Qualität und Lebensdauer als Rundholzpflaster. Die Holzkuben mit Seitenlängen von 8, 10 oder 12 cm ähneln Kleinsteinpflaster. Erhältlich sind auch rechteckige Hölzer mit Kantenlängen von 8 bis 12 cm. Die Verlegung erfolgt wie bei Kleinsteinpflaster auf einem fachgerecht ausgeführten Oberbau im Sand- oder Splittbett. Befahrbare Flächen sollten im Reihenverband mit versetzten Fugen ausgeführt werden. Wird die Fläche eingefasst, ist eine Doppelfuge einzuplanen, um Dehnungen aufzunehmen.

Rinden- und Holzhäckselbelag

Holzhäcksel ist in allen Arten von Gärten der bevorzugte Wegebelag für Neben- und Stichwege. Da Holzhäckselwege meist natürlich verlaufen, haben sie viel Ähnlichkeit mit Trampelpfaden. Ganz gleich, ob das Material gekauft oder selbst erzeugt wird, die Korngröße des Häcksels muss beachtet werden. Ist das Häcksel zu fein, gleicht es Sägemehl, ist es zu groß, wirkt es wie grobe Sägespäne oder Heu. Am besten ist eine Mischung von 2 bis 5 cm großen Bestandteilen, die in 3 bis 10 cm Stärke auf den fachgerecht vorbereiteten Untergrund aufgetragen werden. Das preisgünstige Material weist jedoch auch Nachteile auf. Bei Niederschlägen verwandelt sich der sonst weiche und federnde Belag in einen matschigen Brei. Das Holzhäcksel saugt das Regenwasser auf und lässt es bei warmem Wetter nur langsam verdunsten. Daher ist bei stark frequentierten Wegen ein guter versickerungsfähiger Ober- und Unterbau wichtig.
Mit der Zeit sacken die kleineren Bestandteile des Materials nach unten, die größeren bleiben an der Oberfläche. Bei nicht eingefassten Wegen wandert das Holzhäcksel in die angrenzenden Rasenflächen oder Beete. In Gärten mit einer lockeren Wegeführung ist dies nicht problematisch, aber für Gärten mit strengem und exaktem Wegeverlauf sollte anderes Material verwendet werden. Im Handel erhältlicher Rindenmulch besteht überwiegend aus Fichtenrinden, deren Qualität die Gütegemeinschaft Rinde für Pflanzenbau kontrolliert. Je nach Körnung wird zwischen fünf Klassen RM 1 bis 5 unterschieden. Neben naturbelassenem Holzhäcksel gibt es auch buntes Material. Farben wie Blau, Rot und Grün widersprechen aber den naturnahen Qualitäten des Belags und sind mit Bedacht zu verwenden.

Deckschichten und neue modische Beläge

Einige moderne Lösungen sind gewöhnungsbedürftig, obwohl sie sich an historischen Formen orientieren. Andere sind mutig und innovativ. Oben: Eine Brücke aus Glas. Rechte Seite: ein dezent buntes Kiesparterre.

Deckschichten sind seit Jahrhunderten ein bevorzugter und preisgünstiger Belag für große, weitläufige Flächen in Gärten und Parks, in der Stadt und auf dem Land. Diese zweckmäßigen, unauffälligen und eher neutralen befestigten Flächen aus Kies oder wassergebundenem Splitt-Sand-Gemisch ordnen sich der Gesamtgestaltung unter, und darin liegt ihre Stärke: Sie fügen sich in den Garten ein, ohne dominant zu wirken. Sie können beliebig groß sein und in vielen Formen ausgeführt werden, und sie passen zu moderner Architektur ebenso gut wie zu Altbauten. So vielseitig Deckschichten auch sind, eignen sich die traditionellen Beläge jedoch nicht für stark und schnell befahrene Bereiche.

Maßgeblich für die Beständigkeit dieser Belagsform sind die Auswahl des richtigen Deckmaterials und die fachgerechte Ausführung, abgestimmt auf die Funktion der Fläche. Jeder Fehler und jede Unebenheit zeigt sich binnen kurzer Zeit an der Oberfläche. Die Folge sind Dellen, Pfützen und Matsch bei wassergebundenen Decken. Es genügt nicht, einen Schubkarren Kies oder Sand auf den Boden zu kippen, denn auch für einen schlichten Gartenweg sind fachgerecht ausgeführte Tragschichten unumgänglich. Trotzdem lassen sich Deckschichten einfach und ohne spezielle handwerkliche Kenntnisse herstellen. Traditionelles Deckmaterial bietet vielseitige Einsatzmöglichkeiten, auch in Kombination mit anderem Pflastermaterial. Zahlreiche individuelle Lösungen sind möglich, von klassisch über avantgardistisch bis hin zu zweckmäßig oder spielerisch.

Wie kaum ein anderer Belag fügt sich Kies in verschiedene Gartenbilder ein. Er passt ebenso gut in einen Villengarten wie in einen naturnahen Garten.

Kiesdecken

Kieswege und -plätze besitzen eine zurückhaltende Eleganz. Man assoziiert sie mit vornehmen traditionellen Herrenhäusern und Landsitzen. Das Knirschen beim Betreten von Kieswegen gehört zum Gartenerlebnis. Kies hat eine haptische Anziehungskraft für Erwachsene und Kinder gleichermaßen. Wer kann schon dem Drang widerstehen, die kleinen Steine durch die Finger rieseln zu lassen? Nicht nur die relativ geringen Kosten, sondern auch die vielen Einsatzmöglichkeiten von Kiesdecken für Vorplätze, Sitzplätze, Gartenwege oder Zierflächen erklären die Beliebtheit.

Kies ist ein Oberbegriff für kleinteilige Natursteinstücke in einer Korn- oder Siebgröße zwischen 3 und 18 mm. Unter 3 mm Körnung wird das Material als Sand oder Mehl bezeichnet. Erhältlich entweder als rundlicher oder ovaler Fluss-, Strand- und Moränenkies oder als kantiger, gebrochener Naturstein aus dem Steinbruch, wird Kies primär für den Wege- und Straßenbau und in der Betonindustrie verwendet. Wie bei allen Natursteinen liegt der Reiz in den zahlreichen Farbnuancen, die von jeglichen Grautönen bis zu Braun, Beige, Rot und gelblichen Tönen reichen. Während Erosionskies aufgrund des unterschiedlichen Ursprungs der Steine eine lebhafte Farbgebung aufweist, ist gebrochenes Material wie Granitkies vorwiegend einfarbig.

Nicht jeder Kies eignet sich für begehbare Flächen, schiefriges Gestein zum Beispiel ist zu fragil und bricht nach kurzer Zeit. Auch die richtige Korn- beziehungsweise Siebgröße spielt bei der Auswahl eine Rolle, denn zu große Kiesstücke sind unangenehm zu begehen. Im Baumarkt ist das Material üblicherweise nach Farben und Größen sortiert und nur im Fachhandel nach dem Ursprungsstein.

Der Aufbau einer Kiesfläche erfolgt nach dem Belastungsgrad. Für einen Gartenweg beträgt die Gesamtaufbaustärke 15 bis 20 cm. Auf den wasserdurchlässigen und frostsicheren Oberbau wird schließlich eine 3 bis 4 cm dicke Deckschicht aus feinem Kies oder Splitt mit 3 bis 8 mm Körnung aufgestreut und gewalzt. Für befahrbare Flächen ist Kies aus gebrochenem Material zu empfehlen, da sich die unregelmäßigen Kanten miteinander und mit der darunter liegenden Tragschicht verzahnen. Kiesflächen zeichnen sich durch eine hohe Wasserdurchlässigkeit aus.

Doch Kies hat auch Nachteile. Manche lassen sich durch eine vernünftige Gestaltung umgehen, andere sind eine Frage der Einstellung. Ein Streifen aus Platten oder Pflaster vor dem Hauseingang wirkt ähnlich wie ein Fußabstreifer und verhindert, dass unerwünschte Steinchen hineingetragen werden. Eine sachgemäße und fachgerechte Ausführung vermindert auch das Unkrautjäten, da sich Wildwuchs schnell und unproblematisch herauszupfen lässt. Bei Kiesflächen, bei denen am Ober- und Unterbau gespart wurde, ist es dagegen ein ewiger Kampf. Unkrauthemmende Folie hat sich nicht bewährt und ersetzt keinesfalls die Tragschichten.

Wie Stammgäste von Sommerfesten und Gartenpartys längst wissen, ruinieren Kiesbeläge die schönen, zierlichen Schuhabsätze. Am besten man verzichtet bei solchen Veranstaltungen auf seine Stöckelschuhe und zieht Strandschuhe oder Schlappen an. Für besondere Anlässe ist der rote Teppich eine Lösung. Sein Ursprung geht auf die zweckmäßige,

Bei der Gestaltung mit Kies kommt es auf die passende Farbwahl und Korngröße an. Beide sind auf die Funktion der Fläche und die Umgebung abzustimmen.

Auf der Suche nach neuen Belägen trifft man auf manch interessante Idee, wie auf diese mit Kokusfasern gefüllten Steinkörbe (links). Oft aber sind es die erprobten, weniger aufregenden Lösungen, die sich im Alltag bewähren (oben).

temporäre Abdeckung einer sonst gehfreundlichen, aber nicht schuhfreundlichen Pflasterung zwischen Fuhrwerk und Hauseingang zurück.

Die Schönheit eines frisch gerechten Kiesplatzes ist kaum zu übertreffen. Was für manche eine Plage ist, ist für andere eine Erholung, denn Rechen und hin und wieder das Auftragen frischen Materials gehören zum unumgänglichen Pflegeprogramm.

Zierkies und bodendeckender Kies

Der Einsatz von Kies als zierender Bodenbelag ist nicht neu. In der Renaissance hat man den Umgang mit Zierkies zur Kunstform entwickelt. Broderiebeete oder gestickte Beete bildeten dabei den Höhepunkt. Dort fanden sich Voluten, Arabesken, Wappen und Fleur de Lis in buntfarbigem Material, mit Buchshecken eingefasst und gegliedert. Durch die Kiesdecke setzten sich die Blätter der Pflanzungen besser ab, und von oben hatte man einen beeindruckenden Blick auf die Flächen. Während man früher sehr feines Material verwendete, nimmt man heute pflegeleichteres und langlebigeres, gröberes Material:

- Weiß:
Carrara-Marmor, Körnung 7 bis 15 mm
- Weiß-Beige:
Quarzsplitt, Körnung 3 bis 7 mm
- Rot:
Ziegelsplitt, Körnung 3 bis 8 mm oder Ziegelmehl, Körnung bis 3 mm
- Gelb:
Giallo Siena, Körnung 3 bis 8 mm
- Grün-Grau:
Diabassplitt, Körnung 8 bis 11 mm
- Grau bis Violett:
Granitsplitt, Körnung 5 bis 8 mm
- Schwarz:
Kohlenschlacken-Granulat (für historische Anlagen) oder Basaltsplitt, Körnung 3 bis 5 mm

Wer moderne Gärten, vor allem die Mustergärten auf Gartenschauen besucht, bemerkt einen erneuten Trend zur Verwendung von Kies für Flächen, die früher mit Rasen oder Bodendeckern bewachsen waren. Dabei handelt es sich weniger um den Versuch, Renaissancegärten nachzuahmen, sondern vielmehr darum, Kies als pflegeleichten Bodendecker einzusetzen.

Zu den neuen Entwicklungen zählt PVC-Häcksel (oben), das ebenso wie die Zierkiese und -sande der Barockparterres (unten) beispielhaft für die Verwendung von Restmaterial ist.

Zunehmend kommen Deckschichten nicht nur als Wege- und Platzbelag zum Einsatz, sondern auch als Bodendecker für angrenzende Flächen. Schieferkies ist nur bedingt belastbar und muss durch Trittsteine oder eine zusätzliche Konstruktion (unten), die die leicht brechenden Steine schützt, ergänzt werden.

Rechte Seite: Wie belebt man einen Weg? Farbenfroh, gewagt und nicht auf jede Situation übertragbar, verwandelt der Schattenwurf des roten Plastiktunnels einen gewöhnlichen in einen außergewöhnlichen Parkweg.

Gelber Kies oder gräulicher Schiefersplitt werden mit Vorliebe verwendet. Das Resultat ist eine fremdartige Mischung aus Wüstenlandschaft und Geröllhalde. Zu beachten sind dabei vor allem die Wechselwirkung des pH-Wertes des Gesteinsmaterials mit der Pflanzung und die möglichen Schäden, die die sommerliche Erwärmung der Fläche verursacht.

Wassergebundene Decken

Wassergebundene Decken, auch sandgeschlämmte Schotterdecken genannt, findet man mehr in historischen Anlagen als in Privatgärten. Gewissermaßen der Vorläufer von bituminös gebundenen Deckschichten, sind wassergebundene Beläge beliebt für Spazier- und Promenadewege in Landschaftsparks, in denen sie das naturhafte Ambiente betonen. Neuerdings sieht man wassergebundene Beläge auch wieder auf Gartenschauen, besonders in Kombination mit anderem Material, vor allem Holz. Sie sind auch in parkartigen oder naturnahen Gärten als ein lockerer, harmonischer und preisgünstiger Belag denkbar. Sie eignen sich eher für Plätze und breite Wege ab 1,40 m und sind nur in der Ebene auszuführen. Beträgt die Steigung über fünf Prozent, besteht die Gefahr, dass starker Regen die Oberfläche wegspült. Eine seitliche Einfassung, wie beispielsweise eine Rinne aus Kieselpflaster, ist vorteilhaft, um die Wegbegrenzung zu definieren und zu sichern.

Die wassergebundene Decke besteht aus einer Schicht feinkörnigen Materials mit einem Anteil Bindemittel. Das feinkörnige Material wird in feuchtem Zustand auf eine grobkörnigere Tragschicht aufgetragen und unter Zugabe von Wasser verdichtet. Dabei dringt das Material der Deckschicht teilweise in die Hohlräume der Tragschicht ein, sodass ein stabiles Gefüge entsteht. Je nach gewünschter Farbe und örtlich vorkommendem Material wird als Deckschicht Sand, Naturstein, Ziegelmehl oder Haldenasche in einer Körnung von bis zu 3 mm aufgetragen. Haldenasche wird heute kaum mehr verwendet und ist insbesondere für Privatgärten nicht zu empfehlen, da sie gesundheitsschädlich ist. Die Oberfläche ist kompakt und nur bedingt wasserdurchlässig, deshalb ist es wichtig, sie mit einem Quer- oder Dachprofil auszuführen.

Wurden wassergebundene Sandstreudecken lange Zeit nur in Parkanlagen eingebaut, findet man sie heute vermehrt auch in Privatgärten: in strenger Form als einheitlicher Weg- und Platzbelag (oben) oder natürlich geschwungen im naturnahen Garten.

Die Lebensdauer einer wassergebundenen Decke ist geringer als die von Naturstein- oder Ziegelbelägen, aber solange Ober- und Unterbau fachgerecht ausgeführt sind, kann die Fläche mit regelmäßiger Pflege und Nachbesserungsarbeiten lange halten. Je stärker die Nutzung ist, desto höher ist natürlich auch der Pflegeaufwand. Matsch und Staub sind die größten Nachteile dieses Belags, die oft auf eine unsachgemäße Ausführung zurückzuführen sind. Von der großflächigen Verwendung roten Deckmaterials ist abzuraten, da es bei lang anhaltender Hitze im Sommer alles, sogar Gebäude und Grünflächen, mit einem feinen roten Staub überzieht. Bei der Gartenarbeit empfiehlt es sich, den Belag mit Folie abzudecken, um Verschmutzungen zu vermeiden.

Neue modische Beläge

Im Vergleich mit anderen Bodenbelägen werden Deckschichten in den letzten Jahren wieder häufiger verwendet. Aus einem einst primär dem Adel und dem Großbürgertum vorbehaltenem Material wurde ein Produkt für jedermann. Zu den Deckschichten zählen längst nicht mehr nur die traditionellen Kies-

beläge und wassergebundenen Decken. Die Industrie entwickelt jährlich neue interessante Produkte. Ausgehend von den englischen Gartenausstellungen, wurden Deckschichten nicht nur um neue Erzeugnisse wie beispielsweise Glaskies ergänzt, sondern es erweiterte sich auch deren Einsatzgebiet. Europaweit ziert »neuer Kies« mittlerweile Wege, Plätze, Vorgärten, Pflanzflächen und Pflanzgefäße. Ob seine Verwendung inspiriert ist vom Zierkies der Renaissanceparterres, von der Floristikbranche, die ihn als schmückende Beilage für Vasen verkauft, oder von seinem Einsatz als unkrauthemmender Bodendecker ist unklar. Vorsortiert, sauber und praktisch verpackt in Säcken von 5 bis 25 kg, gibt es diese neuen Produkte in sämtlichen Größen, Farben und Variationen. Neben Natursteinkies reicht das Angebot vom künstlich gefärbten Rund-, Glas- und Metallkies über Gummihäcksel, Muscheln, zerschnittene CDs bis hin zu teils ungeprüften Restprodukten der Recyclingindustrie.

Diese neuen Produkte unterscheiden sich von den traditionellen Deckschichten in zweierlei Hinsicht: Sie haben eine sehr starke Wirkung, sind nicht befahrbar und nur bedingt begehbar. Dadurch ist ihr Einsatzgebiet erheblich eingeschränkt. Für den Laien ist es sehr schwierig, gute Ideen von absolut unpraktischen zu unterscheiden. Gerade die bunten, ausgefallenen Vorschläge finden Zuspruch. Leider sind diese oft die unpassenden. Viele der neuen Beläge eignen sich nicht als Zweckflächen, sondern nur als Zierflächen oder Bodendeckerersatz und sollten nur kleinflächig als »Hingucker« verwendet werden.

Glaskies und -kugeln

Bunte Farben üben eine magische Anziehungskraft aus. Glasbeläge bieten im Gegensatz zu gewöhnlichen Bodenbelägen brillant schim-

Diese spektakulären Bodenbeläge eignen sich nicht für überall. Sie verlangen eine passende Umgebung. Oben links: Weinflaschen in einem Sandbett. Oben: knallig-blauer Glaskies mit 6 bis 10 mm Körnung. Links: grüner Glaskies.

Während die Landschaft aus Glaskugeln nur der Zierde dient, ist der mit schmalen Cortenstahlbändern eingefasste Glasweg begehbar und dauerhaft (links).

mernde Farben. Die Verwendung von Glaskies hat etwas nachgelassen, dafür wird er zunehmend sachgemäßer eingesetzt. Viele haben jedoch Hemmungen, über Glas zu laufen, obwohl man es durchaus betreten kann – es mag an einer unterbewussten Assoziation mit Verletzungen oder an dem Gedanken an einen indischen Fakir liegen. Glaskies wird hauptsächlich aus Restbeständen und Ausschuss von Industrieglas hergestellt. Die Glasteile werden gebrochen und gewälzt, um die Kanten abzuschleifen und ein dem Natursteinkies entsprechendes Format mit Korngrößen zwischen 4 und 12 mm zu erhalten. Neben Standardfarben wie Weiß, Blau und Grün sind auch Schwarz, Tiefblau, Burgund und gemischte Farben erhältlich. Glaskies ist in Säcken zu 20 kg erhältlich – genug Material für einen Quadratmeter. Auch hier gelten die Regeln zum fachgerechten Ober- und Unterbau, will man für eine gute Oberflächenentwässerung sorgen und Unkrautbildung vermeiden. Wie bei allen neuen Produkten ist die langfristige Wirkung unbekannt. Auch Glaskies sollte möglichst nur kleinflächig und eher in künstlerischen, modernen Gärten verwendet werden als in traditionellen.

Wer eine geschmeidigere Form sucht, kann rundliche, ovale Glaskiesel, in Hell- und Dunkelblau, Schwarz, Weiß, Grün und rötlich mit Lüstereffekt erwerben. Doppelt so teuer wie Glaskiesel, wirkt dieser leuchtende Zierbelag am besten im Zusammenhang mit einer einfachen, reduzierten Gestaltung.

Muscheln und andere Beläge

Zu den ungewöhnlichen Deckschichten gehören auch natürliche und gefärbte Muscheln, hauptsächlich Herzmuscheln. Während die blau, grün, orange, schwarz oder limettengrün gefärbten Muscheln sehr fremdländisch wirken, eignen sich natürliche durchaus für einen Garten in Strandnähe. Allerdings sind Muscheln nur bedingt begehbar.

Zerschnittene CDs, Gummi- und PVC-Häcksel gehören zu den neuen Bodenbelägen, die sich nur bedingt für den Privatgarten eignen. Feinteilig und ähnlich zu Holzhäcksel, bildet Gummihäcksel einen federnden dunkelgräulichen Belag. CD-Beläge mit ihren interessanten silbrigen, spiegelnden, bunt gefleckten Farben sind nur als Fugenfüllung oder punktuell als Wasserersatz zu verwenden.

Glas und Stahl sind beliebte Baustoffe der Architektur, werden im Garten aber selten eingesetzt. In diesem kleinen Stadtgarten sind sogar die Pflanzen auf das High-Tech-Design abgestimmt.

Ungewöhnliche Zierbeläge sind Alu-Rundlinge (links) und Muscheln (links unten). Beide Materialien eignen sich nur begrenzt für den Privatgarten. Glasplatten dagegen sind praktischer. Es gibt sie inzwischen aus Klarglas (rechts) oder Milchglas, auch mit eingebauter Beleuchtung.

Grüne Läufer, grünes Pflaster

In manchen Situationen besteht der Wunsch, dass ein Weg angedeutet wird, aber nicht aufdringlich ist.

Rechte Seite: In England gehören Rasenwege zur Grundausstattung eines Gartens.

Vergleicht man die Gesamtgröße aller befestigten Flächen im Garten mit der des ganzen Grundstücks, ist es meist erstaunlich, wie hoch deren Anteil ist. Dabei ist der Garten der Platz für Grün und ein Refugium vor der Stadt.

Bei genauer Beobachtung wird schnell klar, welche Wege oft und welche nur gelegentlich genutzt werden. Wege und Plätze, die kaum begangen werden, sind bald mit einer grünen Schicht überzogen: Im Schatten wachsen samtgrünes Moos und an den offenen, sonnigen Standorten Polsterpflanzen und Spaltbewohner wie Königskerzen (Verbascum) und Schleier-Verbenen (Verbena bonariensis). Diesen Aufwuchs kann man nur durch Kehren und Begehen bremsen. Überlässt man befestigte Flächen der Natur, werden sie über kurz oder lang zuwachsen und den Grünanteil des Gartens erhöhen.

Durch gute und rechtzeitige Planung lassen sich für wenig genutzte Flächen von vornherein derartige grüne Lösungen vorsehen. Neben praktischen Gedanken zur Nutzungsfrequenz sind auch die gestalterischen Ziele wichtig. Gleich zu Beginn der Gartenplanung ist zwischen stark und schwach begangenen, beziehungsweise befahrenen Flächen zu unterscheiden und solchen Bereichen, die hauptsächlich nur gestalterische oder gar Zierfunktion haben. Gerade in kleinen Gärten will man das Grün maximieren und befestigte Flächen auf ein Minimum reduzieren.

Neben-, Stich- und Pflegewege sowie Besucherstellplätze gehören zu den wenig und unregelmäßig genutzten Zonen eines Gartens,

Rasenpflasterfugen können strukturiert oder wie Spinnennetze wirken, schmalen Bürsten ähneln oder dicke Rasenstreifen bilden. Wer nicht warten will bis sich das Saatgut etabliert, kann den Vorgang beschleunigen und Streifen von Fertigrasen verlegen.

für die eine grüne Lösung infrage kommt. Auch Übergangsbereiche zwischen Pflaster- und Vegetationsflächen lassen sich mit grünem Pflaster sanfter gestalten. Welche Art von grünem Pflaster sich am besten eignet, hängt von der Funktion und dem Standort der Fläche ab.

Rasenpflaster

Das wesentliche Merkmal von Rasenpflaster ist das Fugenbild. Im Gegensatz zu den klassischen Plattenbelägen und Naturstein-, Beton- oder Klinkersteinpflastern, bei denen der Stein und der Verband im Vordergrund stehen, bestimmt das grüne Fugennetz die Optik des Rasenpflasters. Der Aufbau und die Ausführung erfolgt wie bei gewöhnlichem Pflaster, jedoch mit dem Unterschied, dass die Fugen breiter und im oberen Teil 3 cm mit einer Mischung aus Humus und Rasensaat gefüllt sind. Die Fugenbreite muss aber in Proportion zur Steingröße stehen. Als Faustregel gelten 10 mm für Kleinsteinpflaster, 20 mm für Großsteinpflaster nach dem Prinzip: je größer das Steinformat, desto breiter die Fuge. Um Standfestigkeit zu garantieren, kommen nur Steine ab einer Größe von Kleinsteinpflaster (8/10) infrage.

Die Rasenmischung ist auf den Standort abzustimmen. Setzt das Rasenpflaster eine gewöhnlich gepflasterte Fläche fort, eignet sich eine Trockenrasenmischung am besten für die mageren Bedingungen. Wenn aber Rasen die zu pflasternde Fläche oder den Weg umgibt, ist es besser, die gleiche Saatmischung zu verwenden. Dann wirken Rasen und Rasen-

Oft kommt die Vegetation von ganz allein, und mit etwas Unterstützung und gefühlvoller Pflege kann die Entwicklung so gelenkt werden, dass nur gewünschte Pflanzen die Fugen erobern.

pflaster wie eine einzige Fläche. Um dem Rasen die Chance zu geben, sich zu entwickeln, sollte die Rasenpflasterfläche in der Anfangsphase nicht befahren und nur vorsichtig betreten werden. Genau wie bei gewöhnlichem Rasen fördert regelmäßiges Gießen und Schneiden das Wachstum. Dauerhafte Sonneneinstrahlung bei lang anhaltender Hitze ist nicht zu unterschätzen. Die Folge ist ein braunes, stoppeliges und verbranntes Erscheinungsbild. Die Flächen regenerieren sich aber schnell, wenn sie gleichzeitig wenig begangen werden.

Rasenpflaster ist ein wichtiges Gestaltungselement im Garten. Es schafft sanfte Übergänge vom Pflaster zum Grünen und reduziert die »grauen« Flächen im Garten. Darüber hinaus fallen Sitzplätze innerhalb einer Rasenfläche weniger auf. Oftmals sieht man Rasenpflaster auch als breites begehbares Einfassungsband zwischen Blumenbeeten und Rasenflächen. Ein Gestaltungstrick, um einen Weg zu strecken, ist, die Fugenbreite von der Wegmitte zum Wegrand allmählich zu vergrößern. Eine andere Gestaltungsmöglichkeit besteht darin, Rasen durch Polsterpflanzen zu ersetzen.

Schotterrasen

Einfach, unauffällig und preisgünstig, bietet sich Schotterrasen hauptsächlich für Flächen an, die nur gelegentlich befahren werden, wie Besucherstellplätze und Notzufahrtswege. Mehr als einem Rasen ähneln die Flächen einer eingewachsenen Kiesdecke, überzogen

Ein Rasenweg durch hohe Wiesen gehört in nahezu jeden ländlichen Garten.

Durch eine Streuobstwiese zu wandern ist der Inbegriff von Sommer. Ein befestigter Weg würde dort deplaziert wirken und die Romantik zerstören.

mit einem grünen Schimmer. Schotterrasen fügt sich aus der Ferne gut in Grünstrukturen ein, eignet sich aber mehr für offene Standorte als für schattige. Der Aufbau erfolgt wie bei einer wassergebundenen Decke oder Kiesdecke, mit Ausnahme des Trockenrasensaatguts, das zusammen mit der abschließenden Decke aus Schotter, Sand und Splitt aufgetragen wird. Wie alle anderen Deckschichten kann auch Schotterrasen nur im Schritttempo befahren werden. Nach starker Beanspruchung oder sommerlicher Dürre braucht die Vegetation eine Regenerationsperiode.

Rasenwege

Rasenwege sind mehr als nur eine Verbindung zweier Punkte, sie haben wichtige gestalterische Funktionen im Garten. Sie bilden Blickachsen, führen das Auge auf einen besonderen Punkt, leiten von einem Bereich zum anderen und fügen sich auf hervorragende Weise in die Grünstruktur ein. Die Wechselwirkung zwischen einem kurzgeschorenen Rasenweg und einer wild wachsenden Wiese ist romantisch. Historische Beispiele von Rasenwegen sind interessant und inspirierend. Im frühen 18. Jahrhundert war es Mode, breite Rasenwege zwischen Alleen aus Linden oder Ulmen anzulegen. In englischen Gärten sind Rasenwege meist ein unverzichtbarer Teil des Gartenbildes. In manchen Gärten gibt es nur um das Haus befestigte Flächen, der restliche Garten besteht aus einem Netz von Rasenwegen, ergänzt von Erdwegen im hinteren Bereich.

Auch wenn ein Rasenweg nur als optische Flucht dient, muss er von höchster Qualität sein: kurz, dichtnarbig, fest und von gleichmäßiger »rasengrüner« Farbe. Zwischen Beeten darf der Rasen nur aus feinen Zierrasengräsern bestehen, während ein Rasenweg in einer Wiese durchaus mit einzelnen niedrigen Kräutern durchmischt sein kann. Solche Rasenwege durch Wiesen sind überhaupt viel ungezwungener und erfordern nicht die hohe Kunst der Zierrasenpflege. Bei beiden Varianten ist eine gute Drainage maßgeblich, insbesondere auf lehmigen Böden. Darüber hinaus bedarf es der richtigen trittfesten Rasenmischung

In England hat man die Rasenpflege zur Kunst erhoben. Scharf gestochene Kanten sind ebenso kunstvoll wie das etwas tiefer liegende Pflanzbeet, das die Konturen des Rasenweges noch stärker betont.

Die Hauptachse des Gartens ist auch ohne befestigten Weg eindeutig zu erkennen. Wie ein Teppich liegt der Rasen in der Achse zum Sommerhaus.

Rechte Seite: Einfach, aber wirkungsvoll – eine Graszeile als Einfassung gibt den Weg vor und lenkt in den Garten hinein.

und regelmäßigem Mähen, um die Vegetationsschicht dicht zu halten und die Widerstandsfähigkeit zu erhöhen. Rasenwege sind nichts für schattige Bereiche, dort verwandeln sie sich schnell in Erdwege. Um die Fläche vor Schubkarrenspuren zu schützen, ist es sinnvoll, Holzplanken zu legen. Bei hohem Besucheraufkommen ist eine temporäre Bahn aus Holzrosten empfehlenswert.

In einem kleinen Buch »Lawns und Greens« von T. W. Sanders aus dem Jahr 1920 habe ich mehrere Seiten über die Gestaltung und Pflege von Rasenwegen und -stufen entdeckt, die heute noch genauso gelten wie damals. Der Autor rät darin: Je länger der Weg und je üppiger das Beet, desto breiter sollte der Weg sein. Lange schmale Wege werden in dieser Situation als »popelig« beschrieben. Weitere wertvolle Tipps zur Wegebreite sind: In Nutzgärten sollten Wege zwischen den Gemüsebeeten 1,00 bis 1,40 m breit sein und im Rosengarten nur 40 bis 60 cm. Für solche Wege ist dichtnarbiger und fest zusammenhängender Fertigrasen aus anerkannten Anzuchtbeständen am besten geeignet. Die Verlegung sollte auf vorbereitetem, feinplaniertem Saatbeet erfolgen, wobei darauf zu achten ist, die Bahn mit versetzten Fugen auszulegen. Solche Rasenwege gleichen feinen Teppichläufern, ruhigen grünen Partien zwischen aufregender Bepflanzung.

Adressen

Ausführende Betriebe

Zentralverband
des deutschen Baugewerbes
Godesberger Allee 99
53175 Bonn
www.zdb.de

Der Zentralverband teilt die Anschriften der jeweiligen Landesverbände mit, die Auskunft über Straßenbaufirmen geben, die Pflasterarbeiten ausführen. Für München wurde das Heft »Bauen in München« erstellt, das auch die Pflasterfirmen erfasst. Es ist über die Bauinnung München (www.bauinnung-muenchen.de) erhältlich.

Bundesverband Garten-,
Landschafts- und Sportplatzbau e.V.
Alexander-von-Humboldt-Straße 4
53604 Bad Honnef
www.galabau.de

Galabau-Betriebe sind Ausführungsfirmen, die je nach Größe des Betriebs von Erdarbeiten über Mauer- und Treppenbau, Pflanzarbeiten, Pflasterarbeiten und sonstige Wegebefestigtung bis hin zu Spiel- und Sportplatzbau sämtliche Arbeiten zum Bau von Außenanlagen und Gärten übernehmen. Der Bundesverband beziehungsweise die jeweiligen Landesverbände können Auskunft über ortsansässige Fachbetriebe geben.

Material- und Bezugsquellen

Arbeitsgemeinschaft Holz e.V.
Füllenbachstraße 6
40474 Düsseldorf

Arbeitsgemeinschaft
Pflasterklinker e.V.
Schaumburg-Lippe-Straße 4
53113 Bonn
www.pflasterklinker.de

Mitgliedsfirmen:

ABC Klinkergruppe
Postfach 11 53
49505 Recke
www.abc-klinker.de

A.K.A STADAlit Pflasterklinkerwerke
GmbH & Co. KG
Postfach 14 30
49464 Ibbebbüren
www.aka-ziegelgruppe.de

Bockhorner Klinker GmbH
Postfach 12 63
26342 Bockhorn
www.bockhorner-klinker.de

Girnghuber GmbH
Ludwig-Girnghuber-Straße 1
84163 Marklkofen
www.gima-ziegel.de

Kerawil Tonwerk Wilhelmshöhe GmbH
Postfach 13 36
32556 Löhne
www.kerawil.de

Penter Klinker Klostermeyer KG
Osnabrücker Straße 67
49565 Bramsche
www.penter-klinker.de

Wienerberger Ziegelindustrie GmbH
Oldenburger Allee 26
30659 Hannover
www.wienerberger.de

Beton-Bauteile Bayern
im Bayerischen Industrieverband
Steine und Erden e.V.
Postfach 15 02 40
80042 München
www.betonbauteile-by.de

Bundesverband Deutsche Beton- und Fertigindustrie e.V.
Schloßallee 10
53179 Bonn
www.betoninfo.de

Gottfried Klinkerwerke
Tonwerkstraße 3
96269 Großheirath
www.gottfried.de

Günter Rischkopf
Antikes Baumaterial
Römerstraße 9
82319 Perchting-Starnberg
www.rischkopf-antiques.de

Natursteinwerk Anklam
Johann-Friedrich-Böttger-Straße 10
17389 Anklam
www.nswa.de

TRACO
Postfach 17
99947 Bad Langensalza
www.traco.de

VGB Naturstein GmbH
Peigertiner Straße 4
94538 Fürstenstein
www.vgb.de

Verband
Österreichischer Ziegelwerke
Wienerbergstraße 11
1100 Wien
www.ziegel.at

Garpa
Garten & Park Einrichtungen GmbH
Kiehnwiese 1
21039 Escheburg bei Hamburg
www.garpa.de

Literatur

Arbeitsgemeinschaft Pflasterklinker e.V.: **Gestaltungsratgeber Pflasterklinker.** Beispiele, Lösungen und Ideen für öffentliche und gewerbliche Flächen

Arbeitsgemeinschaft Pflasterklinker e.V.: **Gestaltungsratgeber Pflasterklinker.** Beispiele, Lösungen und Ideen für Terrassen, Wege, Hauszugänge und Garagenzufahrten

Arbeitsgemeinschaft Pflasterklinker e.V.: **Klinkerpflaster technische Information,** 4. überarbeitete Auflage 6/2003 www.pflasterklinker.de

Alfred Baetzner: **Natursteinarbeiten,** Stuttgart 1983

DIN Taschenbuch 81 **Landschaftsbauarbeiten VOB/StLB/STLK,** 12. Auflage, Berlin 2003

DIN Taschenbuch 76 **Verkehrswegebauarbeiten,** 9. Auflage, Berlin 2003

Peter Joel Harrison: **Brick Pavement and Fence-Walls. Authentic details for Design and Restoration,** New York 2000

Maggy Howarth: **Kleinstein-Mosaik,** Staufen bei Freiburg 2001

Heidi Howcroft: **Gestalten mit Holz im Garten,** Staufen bei Freiburg 2004

Heidi Howcroft: **Garten-Perspektiven,** München 2004

Heidi Howcroft: **Fantasievolles Pflaster und Mosaik,** München 2001

Heidi Howcroft: **Richtig Pflastern,** München 1997

Irmgard Lehn: **Historisches Pflaster. Denkmalschutz in Darmstadt,** Darmstadt o. J.

Günther Mehling, Albrecht Germann, Ralf Kownatzki (Hrsg.): **Naturstein Lexikon,** München 2003

Peter Nickl und Heidi Howcroft: **Die Kunst des Pflasterns,** Ausstellungskatalog, München 1987

Vergriffene Literatur

Heidi Howcroft: **Pflaster für Garten, Hof und Plätze,** München 1994

Heidi Howcroft: **Das Pflaster im Garten,** München 1996

A. Knoll: **Geschichte der Straße und ihrer Arbeiter,** Band 1. Die Straße, Leipzig 1924

Thomas Mawson: **The Art and Craft of Garden Making,** London 1900

Wilhelm May, O. Täntzer, O. Schumacher: **Der Steinsetzer,** Berlin 1912

Friedrich Müller-Eichner: **Fachkunde für Straßenbauer,** Leipzig und Berlin 1939

Friedrich-Wilhelm Noll: **Zur Vervollkommnung des Kleinpflasters,** 1911, Reprint 1985

T. W. Sanders: **Lawns and Greens,** London 1920

Heinz Wolff: **Das Pflaster in Geschichte und Gegenwart,** München 1987

Max Ziegler (Bauinnung München): **Fachkunde für Straßenbauer,** 1978

Dank

Mein Dank gebührt den Fotografen Gary Rogers, Charles Hawes, George Meister sowie dem Callwey Verlag und dem Grafiker Helmut Gebhardt ohne die das Buch nicht möglich gewesen wäre.

Wichtige und wertvolle Informationen über Pflastersteine bekam ich von Marius Reil von der VGB Naturstein GmbH mit Sitz in Fürsteinstein. Danken möchte ich auch der Arbeitsgemeinschaft Pflasterklinker und allen Mitgliedsfirmen, die mich auf dem neuesten Informationsstand gehalten haben. Ihre Literatur ist nur zu empfehlen.

Mein Dank geht auch an den Landschaftsarchitekten Alexander Koch, der mir Einblick in sein Projektarchiv gewährt und Bilder für das Buch zur Verfügung gestellt hat. Ohne den Dialog mit der Bauinnung München, dem Geschäftsführer Ernst Haude und dem Ausbildungsleiter der Pflasterer, Thomas Schuster, hätte das Thema nie eine solche Aktualität bekommen. Ulrich Klösser von der Natursteinfirma TRACO mit Sitz in Bad Langensalza hat mich bei der Suche nach beispielhaften Pflasterflächen unterstützt und Fotomaterial zur Verfügung gestellt.

Mein Dank geht auch an Heinz Holert von Garpa für die Erlaubnis, Terrassengestaltungen aus seinem Katalog zu zeigen. Zum Schluss möchte ich allen Pflasterfans danken, die durch ihre Begeisterung und ihren Enthusiasmus das Handwerk unterstützen. Alle Mitwirkenden haben einen wichtigen Beitrag zur Erhaltung und Fortsetzung der Pflasterkultur geleistet.

Bildnachweis

Cover, Umschlagrückseite: Gary Rogers **Vorsatz:** Gabriele Waldmann **2** Maayke de Ridder, D. Jacques van Leuken **5** Heidi Howcroft, Villa Noailles, Grasse, Frankreich **6** Jerry Harpur, D. Claus Scheinert,Tom Parr **7** Alexander Koch, D. Koch & Koch **8** Maayke de Ridder, D. Kristof van den Bouwhuysen **9** Maayke de Ridder, Martien & Gert Jan Kotte-Huizinga **10** Gary Rogers, Wolfgang & Hille Haucke **11** Gary Rogers, CFS 04, Laurent-Perrier Harpers & Queen Garden, D. Sir Terence Conran & Nicola Lesbriel **12 oben** Heidi Howcroft **12 unten** Gary Rogers, D. Koch & Koch **13 oben** Alexander Koch, D. Koch & Koch **13 unten** Alexander Koch, Antiques Baumaterial Rischkopf, D. Koch & Koch **14 oben** Charles Hawes, Llanerchaeron Gardens, Wales **14 unten** Gary Rogers, Wolfgang & Hille Haucke **15 oben** Garpa/ Georg Tuskany **15 unten** Garpa **16** Gary Rogers, Gabriele & Stephan Christensen **17 oben** Gary Rogers, D. Götz Lauenstein **17 unten** Gary Rogers, D. Brigitte Rhode **18** Jerry Harpur, D. Wolfgang Oehme & James van Sweden **19 oben** Charles Hawes, Veddw House Garden, Wales, D. Ann Wareham & Charles Hawes **19 unten** Gary Rogers, D. Anja Maubach **20** Charles Hawes, East Ruston Old Vicarage, Norfolk, England, D. Graham Robeson & Alan Gray **20 unten** Gary Rogers, Hangzhou, China **21 oben** Gary Rogers, D. Stephen Woodhams **21 unten** Gary Rogers, Wolfgang & Hille Haucke **22 oben** Charles Hawes, Darkley, Herefordshire, England **22 unten** Heidi Howcroft, Lytes Cary, Somerset, England **23 oben** Gary Rogers, CFS 04, Laurent-Perrier Harpers & Queen Garden, D. Sir Terence Conran & Nicola Lesbriel **23 unten** Gary Rogers **24** Peter Howcroft, York Gate, Leeds, England **25 oben** Gary Rogers **25 unten** Gary Rogers, CFS 02, D. Huntley Botanic Ltd. **26** Gary Rogers, D. Andrew Loudon **27** Gary Rogers, D. Maria João de Mello **28 oben** Jerry Harpur, Bobbi Hicks **28 unten** Heidi Howcroft, Cranborne Manor Garden, Dorset, England **29 links** aus Thomas Mawson, »The Art and Craft of Garden Making«, 1911 **29 rechts oben** Gary Rogers, Barbara Hammerstein **29 rechts unten** Gary Rogers, D. Imohl-Koeth & Partner **30** Gary Rogers, Chatsworth Gardens, Derbyshire, England **31 oben** Gary Rogers, Familie Spilker **31 unten** Heidi Howcroft, Iford Manor, Wiltshire, England **32** Gary Rogers, Monserrate Park, Portugal **33** Archiv Howcroft **34** Robert Schäfer **35** Gary Rogers, Hangzhou, China **36** Archiv Howcroft **37 oben** Andrew Lawson, Cothay Manor, Somerset, England **38** Heidi Howcroft **39** Gary Rogers, Hangzhou, China **40 oben** Gary Rogers,Yvonne &

D. Designer
CFS Chelsea Flower Show
HCFS Hampton Court Flower Show
TPFS Tatton Park Flower Show

Hans-Peter Baer **40 unten** Heidi Howcroft, HCFS 04, Fifteen°, D. Matt Nokes & Matt Jarvis **41 oben** Gary Rogers, Long Island, USA **41 unten** Heidi Howcroft **42 oben** Heidi Howcroft, Filoli, Kalifornia, USA **42 unten** Alexander Koch, D. Koch & Koch **43 oben** Heidi Howcroft **43 unten** Heidi Howcroft, Cranborne Manor Gardens, Wiltshire, England **44** Andrew Lawson, Croughton Court, England **45** Gary Rogers **46** Gary Rogers, CFS 05, Float, D. Jack Merlo **47** Alexander Koch, D. Koch & Koch **48** Charles Hawes, Veddw House Garden, Wales, D. Anni Wareham & Charles Hawes **49** Andrew Lawson, D. Tom Stuart-Smith **50** George Meister **51** Maayke de Ridder, D. Jacques van Leuken **52** Alexander Koch, D. Koch & Koch **53** Gary Rogers, Familie Wettermann **54** Peter Howcroft, Folly Farm, Berkshire, England **55** Maayke de Ridder, Joseline & Job Rathmanns, D. Tom Brekelmans **56** Heidi Howcroft, Hestercombe Gardens, Somerset, England, D. Edwin Lutyens **57** Gary Rogers, HCFS 05, Walking on water, D. Liat & Oliver Schurmann **58** Charles Hawes, The Ridler Garden, Swansea, Wales, D. Tony Ridler, Ammonite Sculpture, Darren Yeadon **59** George Meister, VGB Naturstein GmbH **60** Heidi Howcroft **61** George Meister **62** Heidi Howcroft **63** Alexander Koch, D. Koch & Koch **64 rechts** Heidi Howcroft **64 links** Gary Rogers, HCFS 05, Sunken Seclusion, D. Hadrian Whittle **65 unten** Gary Rogers, TPFS 05, D. Reaseheath College **65** David Baldwin, Ryogen-In, Japan **66** Gary Rogers, Old Chemists Garden, Hangzhou, China **67** Heidi Howcroft, **67 mitte**, CFS 04, Life Garden, D. Jane Hudson & Erik de Maeijer **68 oben** Heidi Howcroft **68 unten** Gary Rogers, Master of the Nets, Suzhou, China **69 oben** Maayke de Ridder, Makeblijde D. Mariska Pemmelaar **69 unten** Heidi Howcroft **70** Gary Rogers, West Lake, Hangzhou, China **71** Maayke de Ridder, HCFS 04, Fifteen°, D. Matt Nokes & Matt Jarvis **72 oben** Peter Howcroft, Les Clos de Peyronnet, Menton, Frankreich, D. William Waterfield **72 unten** Andrew Lawson, Crathes Castle, Scotland **73** TRACO **74** Charles Hawes, East Ruston Old Vicarage, Norfolk, England, D. Graham Robeson & Alan Gray **75** Gary Rogers, **76 oben** Gary Rogers, D. Timothy du Vale **76 unten** George Meister, VGB Naturstein GmbH **77** Andrew Lawson, Batsford Arboretum, England **78** Heidi Howcroft **79** George Meister, VGB Naturstein GmbH **80 oben** Archiv Howcroft **80 unten** Katrin Schulze **81** Gary Rogers, Familie Spilker **82** Gary Rogers, CFS 05, In the Grove, D. Christopher Bradley-Hole **83** George Meister, VGB Naturstein GmbH **84** Heidi Howcroft **85 oben** Heidi Howcroft, Kew Gardens, England **85 unten** Gary Rogers, Barbara Elwert & Thomas Geck **86** Gary Rogers, Karl Artmeyer **87** Gary Rogers **88 oben** George Meister, VGB Naturstein GmbH **88 unten** Archiv Howcroft **89 oben** Katrin Schulze **89 unten** Gary Rogers **90** Heidi Howcroft **91** George Meister, D. Heidi Howcroft **92 oben** Archiv Howcroft **92 unten** aus Friedrich Wilhelm Noll »Zur Vervollkommung des Kleinpflasters«, 1911 **93** links, George Meister, Königsplatz, München, D. Baureferat Hochbau 4, Stadt München **93 rechts,** Archiv Howcroft **94 oben** Archiv Howcroft **94 unten** Heidi Howcroft **95 oben** George Meister, D. Heidi Howcroft **95 unten** Archiv Howcroft **96** Gary Rogers, Stockseehof, D. Insa Winkler **97** Heidi Howcroft **98** Charles Hawes, East Ruston Old Vicarage, Norfolk, England, D. Graham Robeson & Alan Gray **99** Gary Rogers, D. Stephen Woodhams **100** Gary Rogers, D. Marc de Winter **101 oben** Maayke de Ridder, D. Kristof van den Bouwhuysen **101 unten** Gary Rogers, The Lasketts, England, D. Sir Roy Strong & Dr. Julia Trevelyan-Oman **102** Arbeitsgemeinschaft Pflasterklinker e.V., Bonn **103** Heidi Howcroft **104 oben** Gary Rogers, Madoo, USA, D. Robert Dash **104 unten** Archiv Howcroft **105 oben** Archiv Howcroft **105 unten** Heidi Howcroft **106 oben** Gary Rogers, Fenni Graf **106 unten** Archiv Howcroft **107 links** Archiv Howcroft **107 rechts** Gary Rogers, D. Susan & Richard MacFarlane **108** Gary Rogers, Madoo, USA, D. Robert Dash **109 oben** Alexander Koch, D. Koch & Koch **109 unten** Gary Rogers, D. David Seeler & Ngaere Macray **110** Heidi Howcroft, CFS 04, A Colourful Suburban Eden, D. Diarmiud Gavin **111** Gary Rogers, D. Anja Maubach **112 oben** Jerry Harpur, D. John Brookes **112 unten** Andrew Lawson, D. Mirabel Osler **113** Maayke de Ridder, D. Luc Engelhard **114 oben** Andrew Lawson, Goodnestone Park, Kent, England **114 unten** Gary Rogers, D. Chris Moore **115 oben** Heidi Howcroft, Les Clos du Peyronnet, Menton, Frankreich, D. William Waterfield **115 unten** Heidi Howcroft, CFS 05, The Hanover Square Garden, D. Diarmuid Gavin **116** Gary Rogers, D. Gabriele & Thomas Heumann **117** Peter Howcroft, D. Michael Branch **118** Gary Rogers, D Wolfgang Oehme & James van Sweden **119** Gary Rogers, Daub-Amend, D. Imohl-Koeth & Partner **120** Charles Hawes, Chaumont 03, Le Vallon des Brumes, D. Chaumont Conservatoire **121** Gary Rogers, D. Gabriele & Thomas Heumann **122 oben** Gary Rogers, CFS 96, The Evening Standard Garden, D. Dan Pearson **122 unten** Gary Rogers, D. Michael Hartmann **123** Gary Rogers, D. Brigitte Rhode **124** Gary Rogers **125** Peter Howcroft, D. Michael Branch **126** Charles Hawes, Chaumont 03, Les Kuijers, D. Julien Mizermont & Cecile Califano **127** Gary Rogers **128 oben** Heidi Howcroft **128 unten** Gary Rogers, Wolfgang & Hille Haucke **129** Gary Rogers, Familie Barton **130** Gary Rogers, D. Gabriele & Thomas Heumann **131** Charles Hawes, Chaumont 01, La Main Coulante, D. Alexandra Bonnin, Jardiniers du Conservatoire **132 oben** Heidi Howcroft, Iford Manor, England **132 unten** Heidi Howcroft, Knoll Gardens, Dorset, England **133 oben** Gary Rogers, Bryans Ground, Herefordshire, England, D. David Wheeler & Simon Dorrell **133 unten** Charles Hawes, East Ruston Old Vicarage, Norfolk, England, D. Graham Robeson & Alan Gray **134 oben** Alexander Koch, D. Koch & Koch **134 unten** Gary Rogers **135 oben** Heidi Howcroft, HCFS 04, Looking at the World through Rose-tinted Spectacles, D. Fern Alder & Wendy Smith **135 unten** Gary Rogers, The Lasketts, England D. Sir Roy Strong & Dr. Julia Trevelyan-Oman **136 oben** Gary Rogers, HCFS 05, The Elementals Garden, D. Anny Könnig **136 unten** Gary Rogers, HCFS 05, Rustic, D. Paul Hensey **137** Charles Hawes, Chaumont 03, Artificial Paradies, D. Catherine Baas & Jean Francoise Delhay **138 oben** Heidi Howcroft, Westonbirt 04, Further from Home, D. Fiona Heron & Wolfgang Buttress **138 unten** Heidi Howcroft, CFS 05, The Merryll Lynch Garden, D. Dan Pearson **139 links oben** Heidi Howcroft, HCFS 05, Girlguiding Scrapheap Challenge, D. Shelia Fishwick **139 rechts oben** Gary Rogers **139 unten** Charles Hawes **140 oben** Gary Rogers, Chaumont 02, D. Andy Cao & Stephen Jerrom **140 unten** Charles Hawes, Chaumont 03, Phantasy Pharmacy, D. P. Duterte, G. Reynes-Duterte, A. Delacroix & P. de Bruyn **141 oben rechts,** Gary Rogers, D. Stephen Woodhams **141 unten rechts,** Gary Rogers, CFS 00, D. Stephen Woodhams **141 oben links,** Heidi Howcroft, HCFS 04, D. Alistair Bayford **141 unten links,** Heidi Howcroft **142** Peter Howcroft, Château Gourdon, Frankreich **143** Heidi Howcroft, Cranborne Manor Garden, Wiltshire, England **144 oben** Gary Rogers, Cesare & Paola Settipassi **144 unten** Gary Rogers, HCFS 02, D. Maureen Busby **144 unten rechts** Charles Hawes, Rookwood Gardens, Gloucestershire, England **145** Charles Hawes, Burford House Gardens, England **146** Heidi Howcroft, Iford Manor, England **147** Gary Rogers, Bryans Ground, Herefordshire, England, D. David Wheeler & Simon Dorrell **148** Gary Rogers, D. Hans Dorn **149** Charles Hawes, Little Sparta, Scotland, D. Ian Hamilton Finlay

Impressum

Streitfeldstraße 35
81673 München
www.callwey.de
E-mail: buch@callwey.de

Die Deutsche Bibliothek verzeichnet diese Publikation in der Deutschen Nationalbibliografie; detaillierte bibliografische Daten sind im Internet über http://dnb.ddb.de abrufbar.

ISBN 10: 3-7667-1671-9
ISBN 13: 978-3-7667-1671-2

Gestaltung:
A34 Büro für Kommunikation und Realisation Helmut Gebhardt, München
Druck und Bindung:
Fotolito Longo, Bozen

Printed in Germany 2006